돕는 인간,
퍼실리테이터의
시대가 온다

소통형 리더의 회의 잘하는 방법

돕는 인간, 퍼실리테이터의 시대가 온다

김형숙·박승희·최은미·봉현철 지음

초록비책공방

우리는 퍼실리테이션을 주어진 시간 내에 모든 참가자가 화기애애한 분위기에서 자유롭게 참가하여 생산적이고 창의적인 결론을 도출할 수 있도록 돕는 행위라고 생각한다. 그런 의미에서 퍼실리테이션은 어떤 상황에서도 자유자재로 구사할 수 있어야 하는 '리더의 기본기'라고 믿는다.

오늘날 우리 사회를 이끄는 많은 리더가 어렸을 적부터 비 참여적인 방식의 교육을 받아 민주적이고 생산적인 토론에 참여해본 경험이 부족해 생산적인 회의 운영에 능숙하지 못한 편이다. 그리고 현재 나와 있는 퍼실리테이션 관련 책들은 외국 서적을 번역한 것이거나 필요성과 이론에 관한 철학적 담론 수준에서 벗어나지 못한 실정이다.

우리는 이러한 현장의 욕구를 충족시킬 수 있는 효과적인 대안을 나름대로 정리하기로 했다. 지난 십 수년간 기업과 공공기관, 주민자치와 평생학습, 대학교와 중·고등학교 등 다양한 현장에서 퍼실리테이터를 양성해온 우리 네 사람은 많은 회의와 워크숍을 성공적으로 운영해왔다. 또한 해외 전문가들이 쓴 퍼실리테이션 스킬에 관한 책을 번역하고 한국액션러닝협회가 주관하는 액션러닝 퍼실리테이터 양성 과정의 주 강사로 활동하고 있다. 이 과정에서 우리는 각자, 그리고 함께 대화와 고민을 하며 다양한 경험을 공유하고 값진 교훈을 함께 정리해왔다. 그러다가 퍼실리테이션을 배우고자 하는 학습자를 위해 현장에서 부딪히는 여러 가지 고민에 대한 우리의 생각을 책을 통해 전해보자는 데 뜻을 모았다.

책의 내용을 구성하면서 우리는 초보 퍼실리테이터의 입장이 되려고 노력했다. 퍼실리테이션이라는 단어를 처음 듣는 사람, 회의 진행에 대한 책임(역할)을 맡은 사람, 그리고 일방적인 전달식 회의에 익숙한 사람의 고민을 진심으로 공감해보기 위해 심층 인터뷰 또한 진행했다. 우리가 만난 수많은 리더와 회의 진행자, 그리고 회의 참가자들이 간절히 원하는 것은 "제발 결론이 나오는 회의를 했으면 좋겠다."라는 소박한 바람이었다. 그들은 결론을 도출하는 과정에서 단 한 명도 무임승차하거나 의견을 무시당하지 않고 전원이 참여하길 원했다. 또 주어진 시간 안에 끝나기를 간절히 원했다. 그 과정에서 이들이 우리에게 던진 질문은 크게 세 가지로 구분할 수 있었다.

이 질문에 답하기 위해 우리는 이 책을 크게 세 부분으로 구성했다.

1부에서는 '퍼실리테이션이란 무엇인가'에 대한 우리의 생각을 담았다. 현장에서 쌓은 다양한 경험을 토대로 다섯 개의 리얼 스토리를 만들어 현장에서 퍼실리테이션은 어떻게 이루어지는지, 퍼실리테이터는 어떤 모습을 띠는지 가능한 한 사실에 가깝게 서술했다. 공공기관, 기업, 학교 등 다양한 조직에서 활약하는 외부 전문가로서의 퍼실리테이터 혹은 조직 내에서 역할을 맡은 퍼실리테이터의 모습을 보면서 여러분은 이상적인 회의가 가져오는 효과를 확인할 수 있다. 더불어 퍼실리테이션이란 무엇인지 충분히 이해하게 될 것이다.

　2부에는 '퍼실리테이션은 왜 필요한가'라는 질문에 대한 우리의 생각과 경험을 담았다. 이를 위해 우리의 경험을 가능한 한 상세하고 생생하게 묘사하려고 노력했다. 특히 우리나라 여러 조직에서 퍼실리테이션이 '왜 주목 받고 있는가'에 대한 생각을 정리했다. 또한 퍼실리테이션이 회의 참가자와 소속 조직에 어떤 부가가치와 혜택을 제공할수 있는가에 대해 설명했다. 즉 일반적인 조직에서 가장 흔하게 볼 수 있는 회의를 정보 공유형, 아이디어 도출형, 문제해결형 세 가지로 분류하여 유형별로 퍼실리테이션이 가져다주는 효용과 가치를 이해하기 쉽게 정리했다.

　3부에서는 '퍼실리테이터는 어떻게 일하는가'에 대한 우리의 노하우를 풀어놓았다. 퍼실리테이터가 각 유형의 회의를 준비할 때, 그리고 이러한 준비를 토대로 실제 회의를 진행할 때 화기애애한 분위기 속에서 모든 참여자가 정해진 시간 내에 확실한 결론을 도출하기 위해 간단하면서도 강력한 효과를 내는 절차, 도구, 기법을 실제 사례를 통해 싱세히 설명했다.

시작 시간은 있는데 종료 시각이 정해져 있지 않은 회의는 모두를 지치게 만든다. 서로를 비난하거나 책임을 회피하기 위해 핑퐁 게임을 하는 회의는 상대를 오해하게 만든다. 회의 진행자(퍼실리테이터)의 역할과 역량이 중요한 이유다. 이 책을 집필하면서 엄격하게 지키려 노력한 원칙은 세 가지다.

쉽게 쓴다.
현장에서 검증된 것만 쓴다.
실제로 사용할 것만 쓴다.

이론적·현학적 연구 결과는 멀리하고 기교를 부리지 않는 실용적인 학문을 추구해온 우리의 철학과 원칙을 매 순간 되뇌며 최선을 다했다.

이 책은 많은 분의 기여와 도움으로 세상에 빛을 볼 수 있었다. 먼저 그동안 우리에게 퍼실리테이션을 맡겨준 회사, 공공기관, 학교, 평생학습 기관, 주민자치 프로그램의 운영기관 관계자분께 감사의 인사를 드린다. 또한 우리가 함께 또는 각자 진행했던 퍼실리테이터 양성 과정에 참가했던 학습자들께 감사의 마음을 전한다. 여러 학습자와 여러분과의 대화와 실습, 피드백을 통해 우리는 더 많은 것을 배웠다고 고백한다. 끝으로 오늘의 우리를 있게 해준 가족 모두에게 미안한 마음과 감사의 마음을 담아 이 책을 바친다.

차 례

1부
퍼실리테이션이란 무엇인가

2부

퍼실리테이션은 왜 필요한가

3부

퍼실리테이터는 어떻게 일하는가

퍼실리테이션이란 무엇인가

WHAT

퍼실리테이션이란 무엇인지, 퍼실리테이터는 현실에서 어떤 모습을 티는지를 가장 잘 이해하는 방법은 그 상황을 직접 경험해보는 것이다. 퍼실리테이터는 어떤 말과 행동으로 회의를 원활하게 운영하고 돕는 것일까? 이를 위해 퍼실리테이터가 참여하는 현장을 가능한 한 생생하게 담았다.

리얼 스토리 ❶는 외부 전문가로서의 퍼실리테이터가 주민자치회장과 주민자치 위원들 간의 간담회에서 주민자치 회의 운영에 대한 아이디어를 어떻게 모으고 쌍방향 소통을 하는지를 보여준다. 회의 진행을 의뢰 받은 명민한 퍼실리테이터는 몇 가지 간단한 방법을 활용하여 한 방향으로 흐를 수 있는 간담회를 참가자가 모두 참여하는 회의로 진행했다.

리얼 스토리 ❷는 팀 회의에서 흔히 일어날 수 있는 일을 담았다. 영업2팀의 김 팀장은 팀장으로서 공식적인 결정 권한이 있는데도 '내용 중립성'이라는 퍼실리테이터의 역할을 수행함으로써 팀원들이 자유롭게 의견을 말할 수 있게 했다.

리얼 스토리 ❸은 조직 내부 구성원이 교육을 받고 퍼실리테이터 역할을 수행하는 사례이다. 자칫 빅 마우스Big Mouth의 독무대로 끝날 수 있는 아이디어 도출 회의에서 간단한 도구를 사용함으로써 시간 관리에 성공하고 모든 참가자가 자신의 의견을 표현할 수 있게 도왔다. 아이디어를 생각할 충분한 시간을 주고 이를 자유롭게 발언할 수 있게 하면 아무도 소외되지 않고 더 다양한 아이디어를 도출할 수 있다. 아울러 개인별 능력의 총합보다 더 큰 집단지성을 이끌어낼 수도 있다.

리얼 스토리 ❹의 주인공은 오랜 조직의 갈등을 해결하는 데 퍼실리테이션이라는 무기를 사용했다. 퍼실리테이터 역할을 맡은 윤 실장은 소송을 제기한 기숙사 사감들을 무시하거나 적대시하지 않고 그들도 선한 의지를 갖추고 있을 것이라 믿으며 이야기를 경청한다. 그리고 '누구든 의사결정 과정에 참여해야만 결과에 대한 책임감을 느끼게 된다'는 신념을 실천에 옮긴다. 그 결과 아이디어의 실행 과정에서 생길 수 있는 사소하지만 결정적일 수 있는 난관을 극복하고 훌륭한 성과를 이끌어내었다.

리얼 스토리 ❺에서는 초보 퍼실리테이터들이 흔히 겪는 고충과 그에 대한 대처 방법을 담았다. 초보 퍼실리테이터인 윤지영 사회복지사가 겪었던 다음의 상황에 대하여 그를 교육했던 퍼실리테이터가 대답한 내용을 그대로 옮겼다.

1. 워크숍을 진행할 때 시간이 부족한 경우 어떻게 해야 하는가?
2. 한 참가자가 다른 사람과 의견이 다를 때 논쟁을 일삼는데 어떻게 해야 할까?
3. 참가자들이 사회복지사인 나에게 의견을 구하는 경우 어떻게 해야 하는가? 즉 퍼실리테이터이면서 내용 전문가인 경우 어떻게 행동해야 하나?
4. 참가자들이 자신의 의견을 포스트잇에 쓰는 동안 먼저 쓴 사람들이 잡담을 나눌 때는 어떻게 해야 할까?
5. 시간에 쫓겨 성찰을 하지 못했는데 괜찮은지, 혹은 마음이 반쯤 집에 간 분들을 성찰의 시간에 집중하게 하려면 어떻게 해야 하는가?

등장 인물 _ 명민한 퍼실리테이터

다섯 편의 리얼 스토리에 등장하는 명민한 퍼실리테이터는 네 명의 저자를 투영한 가상 인물(페르소나)로서 '돕는 사람'의 뜨거운 심장을 가진 사람이다. 기업, 공공기관, 학교, 지역사회 현장에서 의미 있는 소통을 촉진하는 퍼실리테이터로 활동하고 있으며, 사람에 대한 따뜻한 시선을 바탕으로 다양한 퍼실리테이션 상황에서 참가자의 진정한 몰입을 이끌어내는 데 탁월함을 지녔다. 퍼실리테이터는 돕는 사람, 촉진하는 사람이라는 명확한 철학을 가지고 있으며, 때로는 가슴으로 때로는 논리로 참여자가 스스로 결정하고 실행해나가도록 돕는다.

독자 여러분에게

명민한 퍼실리테이터를 퍼실리테이터가 지향해야 할 롤 모델로 생각하고 리얼 스토리를 읽어보길 권한다. 명민한 퍼실리테이터가 퍼실리테이션 상황에서 했던 말과 행동을 통해 퍼실리테이터가 지향해야 할 가치와 철학, 퍼실리테이터로서 역할 수행 방법에 대해서 생각해보기를 바란다.

주민자치 회장의 고민과
퍼실리테이터의 활약

주민자치회 회장을 맡은 김우석의 머릿속에 제일 먼저 떠오른 생각은 '간담회'였다. 주민자치회장이 되면 지역주민은 물론, 지역과 연관된 여러 사람의 의견을 묻는 간담회를 정기적으로 해보리라 다짐했기 때문이다. 김우석은 주민자치 간담회를 통해 주민들의 다양한 생각을 잘 수렴해 가능한 한 많은 사람이 만족할 만한 합의를 이끌어내고 싶었다.

그런데 취임한 지 3개월, 벌써 세 번의 간담회를 열었으나 그의 바란 대로 흘러가지 않았다. 소위 목소리 큰 사람들이 발언권을 독점하기 일쑤였고 대개의 참가자는 아무도 입을 열지 않아 그야말로 난처한 경우가 허다했다.

고민스러운 김우석에게 기억 하나가 스친다. 두어 달 전이었던가? 시청에서 주최한 주민리더 교육에서 '퍼실리테이션'이란 말을 처음 들었다. 그리고 그곳에서 퍼실리테이터 양성 과정의 강사로 활약하고 있는 명민한 퍼실리테이터를 소개받았다. 꽤 유명한 퍼실리테이터라는 말이 문득 생각난 김우석은 연락처를 수소문해 다음 달 있을 간담회를 진행해줄 수 있는지 전화를 걸어 물어보았다.

"아! 그럼요. 간담회는 여러 번 진행해본 적이 있어요."

시원하게 응한 명민한 퍼실리테이터는 주민자치 간담회의 참석인원, 예상 시간, 장소 상황, 간담회를 하려는 목적과 간담회를 통해 얻고자 하는 구체적 결과물에 대해 질문하고 재차 확인하는 꼼꼼함을 보여주었다. 사전 준비를 철저히 하는 걸 보니 꽤 믿음직스러웠다.

그로부터 3주 후 어느 날 그러니까 간담회가 있기 일주일 전, 명민한 퍼실리테이터는 김우석에게 문자 메시지를 보내왔다. 간담회 시작 시각보다 1시간 전에 도착해 회의장 좌석 배치를 손수 하겠다는 내용이었다. 준비물은 본인이 가져갈 거고 좌석 배치를 도와줄 사람이 있으면 좋겠지만 혼자 해도 상관없다는 말을 덧붙였다. '좌석 배치에 꽤 신경 쓰네? 30명 좌석 배치를 혼자 하겠다고? 나도 가서 도와야겠군' 김우석은 혼잣말로 중얼거렸다.

드디어 간담회 날. 김우석이 미리 회의장에 도착해 이런저런 준비 상황을 점검하고 있을 때 단정한 복장의 명민한 퍼실리테이터가 도착했다.

"안녕하세요. 명민한입니다."

간단하게 인사를 나눈 후 명민한 퍼실리테이터는 간담회의 좌석 배치도를 화이트보드에 그리고는 이렇게 말했다.

"정중앙에는 꽃병을 놓을게요. 회장님은 이따가 들어오시는 참가자 분들에게 '우리 같이 꽃길만 걸어요'라고 말씀해주세요."

"책상은 안 놓나요?" 김우석이 물었다.

"네, 책상은 필요 없어요. 간담회는 참가자들이 뭘 적어야 하는 자리가 아니잖아요."

생각해보니 맞는 말이다. 명민한 퍼실리테이터는 김우석으로부터 미리 받은 발표 자료를 간담회 참석 인원에 맞게 준비해와서는 의자 위에 올려두었다. 그리고 준비해온 전지 크기의 포스트잇(나중에 물어보니 3M사가 만든 '이젤 패드'라고 한다)을 벽에 붙였다.

중앙에 놓은 꽃병, 진행 순서와 기본 규칙을 보기 좋게 쓴 이젤 패드 두 장이 회의장 분위기를 편안한 공간으로 바꾸어주었다.

간담회 시간이 가까워지자 참가자들이 하나둘 들어오기 시작했다. 명민한 퍼실리테이터는 김우석에게 그들을 최대한 따뜻하게 맞으라고 주문했다.

"서로 잘 모르는 분들이니 최대한 자연스럽게 소개해주고, 편안한 느낌이 들도록 배려하는 게 중요해요. 회장님. 아시겠죠?"

김우석은 선생님 말씀 잘 듣는 착한 학생처럼 최선을 다해 참가자들을 맞이했다.

명민한 퍼실리테이터는 김우석에게 시작 시각을 지키는 것은 매우 중요하다고 했다. 간담회 시작 시간이 되자 마이크를 잡은 김우석은 바쁜 가운데 참석해주어 감사하다는 간단한 인사를 마치고 간담회 진행을 맡아줄 명민한 퍼실리테이터를 소개했다.

명민한 퍼실리테이터는 기대보다 매끄럽게 간담회 참가자들을 인도

했다. 먼저 서먹한 분위기를 풀어주기 위해 모든 사람이 자리에서 일어나 두 사람씩 짝을 이루어 서로의 공통점을 찾아 미리 준비한 종이에 적는 간단한 이벤트를 진행했다.

명민한 퍼실리테이터가 눈으로 확인할 수 있는 공통점, 예를 들어 '안경을 썼다', '키가 160 이상이다'와 같은 것은 허용되지 않는다고 했기 때문에 참가자들은 서로에게 질문과 답을 해야 했다. 취미가 뭐냐, 좋아하는 음식이 뭐냐, 주말을 어떻게 보냈느냐 등을 묻고 답하는 회의장은 금세 왁자지껄 시끄러워졌고, 참가자들은 처음 만난 사람들이라고는 믿기지 않을 만큼 빠른 속도로 친밀감을 나타내기 시작했다.

10분 정도 지난 후 명민한 퍼실리테이터가 사람들을 진정(?)시켰다.

"자, 이제 자리로 돌아가 주세요. 오늘 좋은 분들만 오신 것 같은데, 제 말이 맞나요?"

"네~." 하는 대답 소리가 우렁찼다.

"그럼 이쪽을 잠깐 봐주시겠어요?"

명민한 퍼실리테이터가 능숙한 솜씨로 참가자들의 주의를 자신에게 집중시켰다.

"여기에 오늘 우리가 간담회 시간 동안 지켰으면 하는 기본 규칙을 적어두었어요. 혹시 이 중에 '나는 도저히 지킬 수 없다' 하는 규칙이 있으면 말씀해주세요."

명민한 퍼실리테이터가 준비한 규칙

은 '주의 깊은 경청'과 '휴대폰 사용 매너'와 같은 워낙 기본적인 것이어서 아무도 이의를 제기하지 않았다.

"이제 본격적으로 간담회를 시작해도 되겠네요. 오늘 간담회는 여러분이 주인공이므로 주민자치회 김우석 회장님은 질문에만 답하도록 하겠습니다. 대신 회장님께서 생각하시는 우리 자치회의 방향과 최근의 이슈 등을 유인물로 준비했습니다. 자, 그럼 유인물을 검토할 시간을 5분 드릴게요. 독서실에 오셨다고 생각하고 다른 분과 이야기를 나누지 마시고 집중해서 읽어주세요. 동의하나요?"

조금 전 명민한 퍼실리테이터의 안내에 따라 분위기가 좋아진 터라 참가자들은 그의 말에 고개를 끄덕이며 각자 자리에 놓인 유인물을 꼼꼼하게 읽어 내려갔다. 자치회장의 포부와 방침, 자치회를 통해 이루고자 하는 사업에 관한 구체적이고 세부적인 계획들이었다. 중간중간 딴짓하거나 옆 사람과 소곤거리는 사람도 있었지만 대부분의 참가자가 유인물에 집중했다.

5분 남짓이 빠르게 흘렀다.

"자, 훑어보셨나요? 이제 제 말에 귀 기울여 주세요. 지금부터 오른쪽 옆에 계신 분과 악수해주세요. 그 두 분이 짝꿍이십니다. 그렇죠, 이 신사 선생님과 옆에 분이 악수하시고 다음 분과 다음 분, 이런 순서로요. 아, 마지막에 세 분이 남으셨네요. 이 세 분은 한 짝꿍입니다. 그럼 이제 누가 짝꿍인지 아시겠죠? 짝꿍끼리 다시 한번 반갑게 인사를 나눠주세요."

잠시 인사하는 소리로 웅성거렸다. 곧이어 명민한 퍼실리테이터가 말을 이었다.

"이제부터가 중요해요. 지금부터 다시 5분의 시간을 드릴 겁니다. 그 시간 동안 방금 읽었던 유인물의 내용 중 '나는 이게 마음에 들었다, 왜냐하면~'이라고 짝꿍에게 설명하는 거예요. 각자 세 가지씩을 골라 이야기해주고 짝꿍의 설명이 이해가 안 되면 질문해주세요."

삽시간에 회의장 안이 시장터처럼 북적인 것은 물론이다.

5분이 지나자 명민한 퍼실리테이터가 다시 참가자들의 주목을 요청했다.

"이번에는 오늘의 가장 중요한 과업을 말씀드릴게요. 지금부터 다시 5분을 드릴 테니까 짝꿍끼리 상의하셔서 유인물에 나와 있는 주민자치회의 추진 계획 중 이해가 안 되는 내용 또는 보다 좋은 아이디어가 있으면 그 내용을 자리에 나누어 드린 펜으로 포스트잇에 큼직하게 써주세요. 아시겠죠?"

명민한 퍼실리테이터의 설명은 명확하고 간결했다. 군더더기 없는 명쾌한 설명. '이게 퍼실리테이터의 핵심 능력인가?' 김우석은 생각했다.

참가자들은 이제 짝꿍과 신나게, 진지하게, 그리고 열띠게 토론했다. 몇몇 유머와 장난기가 있는 사람들 덕분에 지루함은 찾아볼 수 없었다. 참가자를 주인공으로 만들어주는 사람이 퍼실리테이터라는 생각이 김우석의 머릿속에 스쳤다.

또 5분이 흘렀다. 명민한 퍼실리테이터가 다음 순서를 명쾌하게 안내했다.

"자, 준비되었나요? 어떤 분부터 말해볼까요?"

참가자들이 앞다투어 손을 들었다. 명민한 퍼실리테이터가 정해준 순서대로 질문과 의견 개진이 이루어졌고 김우석은 회장으로서 최선을 다해 질문에 답했다. 그리고 참가자들이 이야기해준 생생한 현장의 목소리와 아이디어를 귀담아듣고 차근차근 메모했다.

명민한 퍼실리테이터 역시 능숙한 솜씨로 참가자의 질문과 김우석의 답변이 끝날 때마다 자연스럽게 박수를 유도했다. 참가자와 김우석 모두 간담회에 몰입할 수 있던 버릴 것 없는 소중한 시간이었다.

'아, 소통이란 이런 것이구나, 현장의 소리를 듣는다는 건 바로 이런 거구나.' 김우석은 이어지는 추가 질문과 아이디어를 경청하면서 메모를 하고 속으로 되뇌었다.

명민한 퍼실리테이터가 처음 제안했던 기본 규칙, 즉 주의 깊게 경청하자는 규칙 덕분에 두 시간이 훌쩍 지났다. 회의 시간이 빨리 흐른 느낌이었다.

"자, 아쉽지만 이제 간담회를 마무리할 시간이네요. 간담회를 마치기 전에 성찰의 시간을 가질 텐데요. 성찰이란 돌이킬 성(省) 살필 찰(察), 즉 오늘 우리가 함께했던 시간 동안 배운 점과 느낀 점, 그리고 이를 토대로 앞으로 생활 속에서 실천하고 싶은 것들을 함께 나누는 거예요. 제가 30초 후에 제 오른쪽에 계신 분부터 발언권을 드릴게요. 하고 싶은 말씀을 정리해주세요."

이번에도 명민한 퍼실리테이터의 안내는 짧고 명료했다. 정확히 30초 후, 한 사람도 빠짐없이 자신의 소회를 이야기하기 시작했다. 어떤 사람은 조금 길게, 어떤 사람은 조금 짧게 이야기했지만, 30초 동안 자기 생각을 정리하고 난 다음이어서인지 한 사람도 묵비권을 행사하진 않았다.

'와~ 30초간의 생각 정리가 이렇게 중요한 거였나?'

노련한 퍼실리테이터의 매끄러운 진행에 감동한 사람은 김우석뿐만이 아니었다. 간담회에 참석한 모두가 이구동성으로 '이렇게 재미있는 간담회는 처음이다', '진행자의 역할이 이렇게 중요한지 꿈에도 몰랐다', '이런 회의 진행법을 나도 꼭 배우고 싶다', '우리가 이렇게 다양한 생각을 하고 있었는지 처음 알았다', '오늘 여기서 했던 대로 집단지성을 발휘한다면 우리나라는 금방 선진국이 될 거다', '가족회의도 이런 방식으로 하고 싶다' 등등. 모두가 성찰의 시간을 더 재미있어했다.

"감사합니다. 여러분, 저도 진지하고 열띤 토론 시간을 함께할 수 있어 행복했습니다. 그럼 오늘 간담회는 여기서 마칩니다. 조심해서 돌아가세요. 아니, 아니 우리 사진 찍어야죠."

퍼실리테이티브 리더가 되고 싶은
김 팀장의 도전

오후 다섯 시가 조금 넘은 시간, 금요일이어서 그렇겠지만 오늘은 유난히 더 막히는 것 같다. 김 팀장은 1박 2일간의 퍼실리테이터형 리더십Facilitative Leadership 과정을 마치고 연수원을 빠져나와 기흥IC로 차를 타고 가고 있다.

'바쁜데 무슨 교육이람. 퍼실리테이터? 무슨 이렇게 이름이 길어.'라고 투덜거리며 연수원으로 향했던 어제 아침과는 180도 달라진 마음이다. 지금 집으로 가는 김 팀장의 머릿속은 약간의 설렘과 설명하기 어려운 중압감이 교차하고 있다.

'어쩌면 바뀔지도 몰라. 바꿀 수만 있다면 얼마나 좋을까? 강의 때 만났던 퍼실리테이터가 하는 걸 보니 그리 어려울 것 같진 않던데… 하지만 팀원들이 변화하는 걸 좋아할까? 지금도 중간은 하고 있는데 괜한 일을 벌인다고 본부장이 싫어할 수도 있고….'

김 팀장의 고민은 자신이 2년 전부터 이끄는 회사 영업2팀의 업무회의 방식의 변화에 관한 것이다. 회사 내에서 영업2팀은 B2B 영업의 선두 주자였지만 업무회의는 항상 스트레스였다. 김 팀장 바로 아래가

이 차장, 다음이 박 과장과 심 과장, 윤 대리, 그리고 입사 2년 차인 민 사원, 이렇게 여섯 명인 영업2팀의 업무회의 주요 의제는 언제나 영업 전략과 영업 실적이다. 말이 영업 전략이지 "우리 전략은 항상 열심히 하는 거야. 알았지?"를 반복하는 김 팀장의 단골 레퍼토리는 2년 전부터 지금까지 거의 변함이 없다.

사실 우리 같은 작은 회사의 B2B 영업에 무슨 뾰족한 전략이 있단 말인가? 전략은 각자 알아서 열심히 하는 거고 팀장은 물 샐 틈 없이 팀원들의 실적을 관리하는 거라는 게 지금까지 김 팀장의 기본 입장이었다. 그러다 보니 업무회의는 항상 각자의 실적을 보고하고 실적이 좋지 않은 직원에게 주의를 주는 것이 주를 이루었다. 김 팀장이 대리 말년에 영업2팀으로 오고 나서 지금까지 10여 년 동안은 변함없이 그래왔다. 숫자가 인격이라는 말이 괜히 나왔겠는가?

김 팀장이 가끔 "실적을 올리려면 어떻게 하면 좋을까?" 하고 회의 분위기를 바꿔보려 했지만 그때마다 돌아오는 건 썰렁한 반응과 묵묵부답으로 일관하는 팀원들의 냉소적인 태도였다. 그도 그럴 것이 어쩌다 누군가가 아이디어를 내면 '네 아이디어이니 네가 해봐'라는 식으로 부담을 주니 누가 아이디어를 내려고 하겠는가. 김 팀장이 말을 하면 팀원들은 받아 적고 아이디어를 내라 하면 눈이 마주칠까 봐 눈을 내리고 '시간아 지나가라. 이 또한 지나가리라' 하는 모습이 역력하다.

문제는 이뿐만이 아니다. B2B 영업은 업무 성격상 영업사원 간의 협업이 매우 중요하다. 그런데 영업2팀은 모두 개인적으로 업무를 하고 있었다. 아예 개인별 담당 고객사가 정해져 있고 인사고과 또한 개인의 영업 실적이 가장 중요하게 작용한다. 평가 항목에 협업이 있긴 하지만 인사고과에 실제로 반영되고 있지 않다는 것을 모르는 이가 없다.

고민을 되뇌는 동안 어느덧 김 팀장의 차는 양재IC를 지나고 있었다.

'아, 모르겠다. 이게 뭐 어제오늘의 일인가? 다 잊어버리고 막걸리나 해야겠다.'

2주일 후

"이거 뭐야? 연수에 참가한 것도 어딘데 숙제까지 하라고?"

연수팀이 보낸 메일을 열어보고 김 팀장은 깜짝 놀라 외마디 비명을 질렀다. 지지난 주 '퍼실리테이터형 리더 양성 과정'에서 배운 내용을 현장에 적용해보고 적용 경과와 성과, 그 과정에서 얻은 교훈 등을 작성해 다음 주 금요일까지 제출하라는 내용이었다.

메일의 형식은 요청이었지만 맥락은 명령이나 마찬가지였다. 회사의 모든 리더를 퍼실리테이터형 리더로 변화시키라는 사장님의 강력한 지시가 있었다는 지원본부장 말이 어렴풋이 떠올랐다. 그러니 이건 꼭 해야 하는 숙제였던 것이다. 김 팀장은 갈등했다.

'그냥 윤 대리에게 적당히 양식에 맞춰 작성하라고 할까? 사진을 첨부하게 되어있네? 사진이야 뭐 잠깐 연출하면 되니까… 흠, 그냥 한번 해볼까? 연수 때 보니까 별로 어려워 보이진 않았어.'

김 팀장은 연수 때 강사로 왔던 퍼실리테이터가 능숙하게 진행했던 모의 실습 장면을 떠올렸다. 그때 만났던 명민한 퍼실리테이터는 자신과 같은 초보자의 눈에는 복잡해 보이는 퍼실리테이션 스킬을 현업에서 팀장들이 실제 적용할 수 있게 최대한 간단하고 편리한 기법과 도구를 개발했고 십수 년간 수많은 기업과 공공기관에서 혁혁한 성공 경험을 쌓았다고 했다.

'현장에서 수백 번 검증된 방법이라 영업맨도 잘할 수 있을 거라고 했잖아. 어쩌면 지금이 내가 바꾸고 싶었던 것들을 바꿔볼 기회일 수도 있고….'

김 팀장은 드디어 마음을 정했다.

"이 차장~ 혹시 내일이나 모레 저녁에 시간 돼? 내가 저녁 살게."

"저 혼자요?"

"음… 박 과장에게도 물어봐. 박 과장까지만. OK?"

김 팀장과 이 차장, 그리고 박 과장은 수요일 퇴근 후 회사 근처 와인 바에서 만났다.

"팀장님, 와인 바는 왜 갑자기? 무슨 일이라도 생겼어요? 어디서 스카우트 제의 받으셨어요?"

"이 친구, 농담은…"

김 팀장은 그간의 고민을 이야기했다. 무거운 회의 분위기, 서로 돕지 않는 팀원들, 꼰대가 되고 싶지 않은 자신의 심정, 그리고 최근에 받은 연수 내용 중 생각나는 것 몇 가지…

"한번 해보고 싶긴 해. 나도 대리, 과장 때 팀장이 혼내기만 하는 회의가 정말 싫었거든. 그런데 방법을 모르니 여기까지 온 거지. 이번 연수에서 그 방법을 알려주더라고. 복잡하지도 않아. 할 수 있을 것 같아. 그러니 날 좀 도와줘."

"어떻게 하면 되는데요? 팀장님 생각이 그러시면 도와야죠. 저희는 팀장님의 좌청룡 우백호 아닙니까?"

그 주 금요일 오후 2시

영업2팀 팀원들이 한자리에 모였다.

"바쁠 텐데 모두 모여줘서 고마워. 메일 봤겠지만 오늘은 내가 지금 까지와는 좀 다른 방식으로 회의를 해보려고 해. 지난번에 내가 연수 갔다 온 거 기억하지? 거기서 나름 열심히 배우면서 우리 팀 분위기 를 어떻게 하면 바꿔볼까 고민을 많 이 했어."

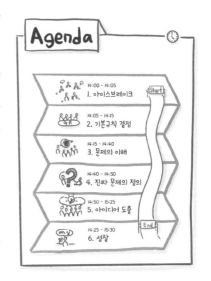

김 팀장은 회의실 벽에 걸려 있는 어젠다를 가리키며 말을 이어 나갔다. (박 과장이 지난번 와인 바 미팅에서 지시받 은 대로 그려놓은 어젠다이다.)

"여기 있는 진행 순서대로 해볼 건 데 시간은 한 시간 반 안에 끝내는 걸 목표로 할게. 처음 해보는 거라 미숙 할 테지만 성의를 생각해서 너그럽게

봐주길 바라. 자, 그럼 먼저 아이스 브레이크부터…"

김 팀장은 최대한 쑥스러움을 감추며 팀원들에게 '접어 게임'을 제 안했다.

"윤 대리부터 할까?"

"네? 제가요? 흠… 안경 낀 사람 접어!"

윤 대리와 심 과장을 빼고 모두 오른손 엄지손가락을 접었다.

"다음 심 과장, 오른쪽으로 도는 거야, 알지?"

"음… 영업2팀에 5년 이상 근무한 사람 접어."

"아들 있는 사람 접어."

"차장 이상 접어."

팀원들은 약속이나 한 것처럼 김 팀장을 공략했다.

"하하. 팀장님 걸리셨네~! 벌칙은 뭐예요?"

"헉… 인디언 밥이야. 내가 시범을 보이지. 난 목덜미 쪽을 좀 세게 안마해주라."

"인디언~밥~!"

팀원들은 인정사정 봐주지 않겠다는 듯 김 팀장의 등을 세게 후려 쳤다.

"야~ 시원한 걸~! 한 번 더하자. 이번에는 아까 했던 것 또 말하면 그 사람이 걸리는 거야. 알았지? 내가 맞았으니까 나부터. 45세 이하 접어."

김 팀장과 팀원들은 입사 이래 처음으로 회의실에서 해보는 이 간단 한 게임에 낄낄거리며 완전히(!) 몰입했다.

아이스 브레이크가 끝나고 김 팀장이 다음 순서를 안내했다.

"이런 식의 회의는 처음이니까 앞으로 회의에서 우리가 모두 지킬 기 본 규칙을 정하고 넘어갑시다."

미리 준비해놓은 포스트잇과 네임펜을 가리키며 김 팀장이 설명했다.

"당신들도 연수 가서 다 해봤을 거야. 이 포스트잇에 네임펜으로 각 자가 원하는 기본 규칙을 적어주길 바래. 한 장에 한 건씩 두꺼운 펜으로 큼직하게 써주세요."

"몇 장 쓰면 되나요?" 심 과장의 질문에 "음… 두 장씩 쓰기로 하지!" 하고 김 팀장이 친절하게 대답했다.

"자, 다 썼으면 본인이 쓴 포스트잇을 가지고 나와 큰소리로 읽고 여기에 붙여주면 돼. 윤 대리부터 해볼까?"

윤 대리가 자신이 쓴 포스트잇을 들고나와 이야기했다.

"이 내용과 비슷한 의견 쓴 사람?"

"그럼, 그걸 요 밑에다가 붙여주고…."

김 팀장은 처음 해보는 사람치고는 능숙하게 회의를 진행해갔고, 팀원들은 김 팀장의 안내에 따라 자신의 의견을 모두 말할 수 있었다.

"야~ 이거 누구 의견이지? 아주 좋은데?"

"아, 네. 제 의견입니다."

팀의 막내인 민 사원이 머리를 긁적이며 수줍은 듯 말했다.

"팀장님! 의견을 이렇게 공개적으로 말씀하시면 안 되죠. 그러면 알아서 동의하라는 뜻 아닌가요."

"아차, 미안 미안."

이 차장이 농담 반 진담 반으로 일침을 놓자 흠칫 놀란 듯 김 팀장이 서둘러 사과했다.

'이 차장, 어떻게 알았지? 지난번 연수에서 명민한 퍼실리테이터가 회의 때 퍼실리테이터는 본인의 의견을 말하면 안 된다고 했는데, 그걸 들은 것처럼 말하네.'

김 팀장은 연수 때 배운 '퍼실리테이터의 내용 중립성'을 다시 한번 마음에 새겼다.

"그럼 우리 팀의 회의 기본 규칙은 이렇게 정해졌습니다. 박수!"

김 팀장은 연수 때 배운 멀티 보팅Multi-Voting 방법(193쪽 참조)을 이용해서 팀원들의 의견을 민주적으로 수렴하여 기본 규칙을 정한 다음 팀원들의 박수를 유도했다.

"그럼, 이제부터 본론으로 들어가 보자. 오늘 회의의 목적은 각자의 고민거리를 털어놓고 그 고민을 해결할 수 있는 아이디어를 함께 모아보는 거야. 사실 내가 지금까지 경험했던 영업 회의는 아이디어를 도출하는 것이라기보다는 서로의 잘잘못을 따지는 식이었잖아. 그런 식의 회의가 생산성을 떨어뜨리고 모두의 기분을 안 좋게 만들었지. 그래서 지난번 연수 때 내가 배워온 회의 방식으로 바꿔보려고."

팀원들은 반신반의, 팀장의 저의가 궁금하다는 표정을 지으며 서로를 바라보았다.

"네, 좋은 생각인 것 같습니다. 그렇게 하면 회사 생활이 훨씬 재미있겠네요. 기대됩니다. 팀장님!"

엊그제 와인 바에서 모의한 대로 박 과장이 너스레를 떨었다.

"그럼 누가 오늘의 주인공이 되어주겠나? 본인이 최근 하는 업무에서 어려운 점을 말해주는 거야."

회의실에 잠시 정적이 흘렀다.

'어려움을 말하라고?', '무슨 소리를 하려고 저러는 거지?'

사전 미팅에 참여하지 않았던 심 과장, 윤 대리, 민 사원은 여전히 미심쩍은 표정을 풀지 않았다.

이때 사전 모의 각본대로 이 차장이 입을 열었다.

"흠, 그럼 솔선수범하는 의미에서 제가 먼저 이야기해볼게요."

"와, 고맙다. 이 차장."

역시 각본대로 김 팀장이 응수했다.

"자, 그럼 이 차장이 업무상 겪고 있는 어려움을 1~2분 정도로 간단히 설명해주겠나? 자세한 이야기는 이따 다른 팀원들의 질문에 답하는 형식으로 들을 수 있을 테니까."

"네, 좋습니다. 팀장님은 아시는 일일 텐데요. 제가 지난달부터 공략하고 있는 A사에 대한 얘깁니다."

이 차장은 A사가 넘어올 듯 말 듯 속을 태우고 있는 저간의 사정을 간략하게 이야기했다.

"자, 자신의 고민을 허심탄회하게 말해준 이 차장에게 박수 한 번 부탁해요."

'갑자기 박수를?' 의아해하면서도 팀원들은 손뼉을 쳤다.

한결 부드러워진 분위기를 몸으로 느끼며 김 팀장은 '회의 시 박수를 치도록 계속 유도하라'는 교육 내용을 상기했다.

"지금부터는 이 차장의 어려움을 좀 더 정확하게 이해하는 시간이야. 이 차장이 말한 A사에 대해 혹은 이 차장의 문제를 정확하게 이해하기 위해 궁금한 것이 있으면 무엇이든 질문해주세요."

하지만 팀원들은 '뭘, 질문하라는 거야?'라는 의아한 표정으로 머뭇거렸다.

'아차차, 깜박 잊고 있었네. 가만있자. 이럴 때 포스트잇을 나눠주라고 했지!'

김 팀장은 자신의 실수를 깨달으며 서둘러 말을 이었다.

"아까 규칙 정하느라고 나눠준 포스트잇에 물어보고 싶은 내용을 적어볼까?"

"팀장님, 어떤 걸 질문하는 겁니까?'

심 과장이 용기를 내서 입을 뗐다.

"아무거나 질문하면 돼. 예를 들어 A사 담당자가 누구냐? 납품하려는 제품이 뭐냐? 궁금한 건 아무거나."

팀원들은 이제야 알겠다는 듯 고개를 끄덕였고 이내 포스트잇에 이런저런 질문을 적기 시작했다. A사가 망설이는 이유가 뭐라고 생각하느냐, 우리 회사 말고 또 어떤 회사가 A사를 공략하고 있느냐, 그 회사의 전략은 무엇이며 A사가 원하는 게 뭔지는 파악하고 있느냐, 가격, 품질, 납기, A/S 중 어떤 것이며 담당자 뒤에 있는 키맨Keyman은 누구냐, 그동안 어떤 노력을 해왔느냐….

김 팀장도, 이 차장도 놀랄 만큼 팀원들의 질문은 다양했다. 김 팀장은 팀원들이 적은 포스트잇을 미리 준비한 이젤 패드에 분류해 붙이면서 연수 때 배운 '집단 지성의 힘'을 떠올렸다.

"자, 이제 이 차장이 대답할 차례네. 우리 이 차장을 박수로 맞이할까?"

이 차장은 질문 하나하나에 대해 매우 성의껏 답을 했다. 가끔은 머리를 긁적이기도 하고 먼 곳을 응시하며 생각에 잠기기도 하면서….

"야, 이 차장이 자기 문제에 대해 정말 여러 가지로 고민을 하고 있었네. 스트레스가 많았겠어. 우리 고생하고 있는 이 차장에게 박수로 응원해주자."

"이 차장님 정말 고생 많으시네요."

박 과장이 김 팀장을 거들었다.

"그럼 다음 단계로 가볼까? 이 차장의 진짜 문제가 무엇일까에 대해 우리 생각을 모아보는 거야. 당신들 각자가 '내가 보기에 이 차장의 진짜 문제는 ○○일 것 같다'라고 본인의 생각을 포스트잇에 적는 거지."

팀원들은 이번에도 진지하고 민첩하게 포스트잇에 자기 생각을 써 내려갔다. 이번에는 김 팀장이 다른 사람과 이야기해서는 안 된다느니, 글씨를 크게 써야 다른 사람이 볼 수 있다느니, 한 장에 한 가지씩 써야 나중에 분류하기가 좋다느니 같은 잔소리를 할 필요가 없었다. 팀원들이 의견을 적는 동안 김 팀장은 이렇게 시도해보길 참 잘했다고 생각했다. 연수팀이 이 숙제를 왜 내주었는지도 이해가 되었다.

"자, 다들 다 썼지? 이제 아주 숙달이 되었네. 역시 우리 팀이 습득력 하나는 빠르단 말이야. 그럼 심 과장부터 나와서 이야기해보자."

이번에도 팀원들은 자신이 쓴 포스트잇을 들고나와 이젤 패드에 붙이고 자신의 의견을 간단하게 부연 설명했다. 이번에는 막내인 민 사원이 제일 마지막이었다.

이 차장은 팀원들이 써준 포스트잇을 한 장 한 장 찬찬히 훑어본 뒤 두 장을 골랐다.

"이 두 가지를 합한 것이 제 진짜 문제인 것 같네요."

이 차장이 골라낸 포스트잇 내용을 합쳐보니 '우리 제품이 고객사의 전체 제조 공정의 병목 현상을 해결해줄 수 있는 기능이 있다는 것을 명확하게 어필하고, 경쟁사 제품보다 어떤 면에서 우수한지 데이터를 근거로 설명해야 한다'로 집약되었다.

"와, 꿈보다 해몽이라더니 이렇게 정리하니까 우리가 큰일을 해낸 것 같아요."

내가 보기에 ㅇ ㅇ ㅇ님의 진짜 문제는

내가 보기에 _____ 님의 진짜 문제는

_____ 일 것 같다.

윤 대리가 감탄사를 섞어가며 이야기했다.

'이래서 이런 방식의 회의를 해보라고 그날 명민한 퍼실리테이터가 그렇게 강조했던 거였구나?'

김 팀장은 표정 관리를 하면서 속으로 생각했다.

"어? 벌써 시간이 이렇게 되었네? 어떡하지, 내가 20분 뒤에 본부장님 보고가 잡혀 있는데…"

"빨리 진행하시죠, 팀장님."

"아니야, 다음 단계가 제일 중요한데 급하게 하는 건 아닌 것 같아. 이 차장, 다음에 다시 한번 모이면 어떨까? 우리가 아이디어를 도출해주면 좋을 것 같지 않아?"

"그럼요, 팀장님."

"다들 어때?"

"네, 좋습니다. 그런데 아이디어 공짜로 안 되는 거 아시죠?"

"알았어, 알았어. 좋은 아이디어가 나오면 내가 한턱낼게."

"팀장님, 그럼 오늘 회의는 여기서 끝내는 거죠?"

심 과장이 주섬주섬 소지품을 챙기며 자리에서 일어나려 했다.

"잠깐, 잠깐. 아직 안 끝났어. 아이디어 도출은 다음에 하더라도 마지막 단계의 성찰을 해야지."

"성찰이 뭡니까? 뭘 반성해야 하는 건가요?"

"음, 그게 한자로 돌이킬 성(省) 살필 찰(察)이잖아. 오늘의 회의를 돌아보며 살피는 시간으로 각자가 느끼고 배운 점, 이를 토대로 앞으로 실천해보고 싶은 사항에 대해 각자 돌아가면서 말하는 거야."

"팀장님, 잘 나가다가 오글거리는 게 왜 그러세요?"

"아냐, 아냐. 나도 처음엔 그랬는데 해보니까 나름 의미가 있더라고. 5분만 하면 되니까 다들 앉아 주세요. 30초 있다가 시작할 테니 차례가 되면 자기 생각을 말해줘."

"자, 이 차장부터."

쑥스러움을 가까스로 참으면서 이 차장이 입을 열었다.

"솔직히 저는 큰 기대 안 하고 그냥 팀장님의 연수 숙제 도와드린다는 생각이었거든요. 저 혼자 끙끙 앓던 스트레스를 이렇게 진정성 있게 걱정해주리라고는 생각도 못 했어요. 다음에 아이디어 도출 회의를 하기로 했는데, 그와 상관없이 저는 오늘 대만족입니다."

박 과장도 윤 대리도 민 사원도 심 과장도 돌아가면서 비슷한 소회

를 이야기했다. 팀원들의 긍정적인 반응에 고무된 김 팀장이 내친김에
한 가지를 더 물었다.

"그렇게들 생각해주니 고맙네. 오늘 이런 식의 회의 방식을 우리 팀
에서 언제 또 써먹을 수 있을까?"

"팀장님, 이 차장님 문제만 해결해주는 건가요? 저희도 해야죠!"

"아, 그래? 얼마든지 하자고."

"분기별 영업전략 수립하는 팀 워크숍 있잖아요. 이런 식으로 해보
면 좋을 것 같은데요?"

윤 대리가 제안했다. 혼자서 워크숍 결과를 본부에 제출하는 것이 얼
마나 고역인지 모두가 알기에 다들 이에 찬성했다.

"자, 그럼 오늘은 여기서 마치자. 수고들 했어."

"수고하셨습니다. 팀장님."

경단녀 김나영의
퍼실리테이터 데뷔 일기

2020년 8월 20일(목)

정말 오랜만에 교육이란 걸 받았다. A협회가 주관하는 퍼실리테이터 양성 과정. 줌ZOOM으로 진행된다고 하길래 들어갈까 말까 많이 망설였는데, 결론은 탁월한 선택이었다.

소위 경력 단절이 된 내가 이 교육에 참여하게 되기까지 참 많은 일이 있었다. 혜진이를 낳기 전까지 난 비록 작은 회사이긴 하지만 업계의 숨은 강자라고 불리는 B사의 잘나가는 직원이었다.

그렇지만 나에게는 혜진이의 육아가 훨씬 더 중요했다. 친정에도 시댁에도 맡길 수 없는 형편이기도 했고, 남편이 반대한 것도 있지만 무엇보다 나는 내 딸을 직접 보살피고 싶었다. 어찌 됐든 10년이란 육아의 긴 터널을 빠져나와 K시의 여성비전센터에 1년 계약직으로 일하게되었다. 나와 비슷한 경험을 가진 경력 단절 여성의 취업지원 업무를 한다는 사실에 나는 무척 고무되었다.

그리고 어제와 오늘, 이틀에 걸쳐 '퍼실리테이터 양성 과정'이란 교육을 받은 것이다. 비록 줌으로 받은 수업이었지만 내용이 좋았고 무엇보다도 퍼실리테이터가 지향해야 하는 '가치'가 마음에 들었다.

- 모든 사람의 의견은 똑같이 중요하다.
- 현장 속에 답이 있다.
- 퍼실리테이터가 참가자들을 존중하며 좋은 질문을 던지면 그들은 스스로 훌륭한 해결 방안을 도출해낼 것이다.
- 그럴듯한 미사여구가 아니라 구체적인 실행 아이디어가 중요하다.
- 그렇게 하려면 퍼실리테이터가 잘해야 한다.

평소에 내가 하던 생각과 일맥상통했다. 좋은 교육을 받았으니 실천을 해봐야 할 텐데, 느낌이 좋다. 잘할 수 있을 것 같다. 아니 잘 해내야 한다. 나 김나영의 진가를 발휘하기 위해!

2020년 8월 30일 (일)

혜진이는 오늘따라 일찍 잠자리에 들었다. 또 한 주가 시작된다며 일찍 자겠다는 딸이 얼마나 어른스러운지….

내일 오후 2시부터 1시간 30분 동안 센터 직원 5명이 참석하는 회의가 있다. 지난번 교육받은 내용도 활용해볼 겸, 10월 중순 예정인 '경력 단절 여성 재취업 지원 프로그램'의 참가자 모집을 위한 아이디어를 도출하기 위해 회의를 잡았다. 말하자면 내가 퍼실리테이터로 데뷔하는 자리이다.

잘할 수 있을까? 걱정되긴 한다. 특히 센터의 '빅 마우스'로 소문이 자자한 박 과장을 제압하는 것이 만만치 않을 듯싶다. 친한 윤 복지사님께 부탁해두긴 했지만. 까짓것 한번 해보는 거지 뭐….

교육에서 배운 대로 5P에 대해서 정리해볼까? 먼저 회의 참가자들에게 우리가 회의하는 목적Purpose에 대해 설명하고 질문을 간단히 받은 다음, 도출하고 싶은 결과물Product에 대해 간단하게 정리한다. "경력 단절 여성 취업지원 프로그램의 참가자 모집을 위한 여러분들의 참신한 아이디어를 기대할게요." 이렇게 말하면 되겠지? 최대한 명확하고 간결하게.

참가자 다섯 명People에 대해서도 완벽하게 파악하고 있지만, 빅 마우스 박 과장이 혼자 회의를 주도하는 걸 막아야 하는데…. 일단 포스트잇을 활용하고 모래시계를 사용해 발언 시간을 공평하게 하면 되겠지. 그래도 말이 길어지면 내가 요약해준 다음 그 내용을 포스트잇에 적어 안심시키면 될 거고….

그다음 P는 프로세스Process였지. 프로세스는 I AGREE라는 공식이 있으니까 뭐…. 사무실 바로 옆에 딸린 작은 회의실이라 떠들면 안 되니까 아이스 브레이크는 간단한 근황 토크를 해야겠다.

그라운드 룰Ground Rule은 내가 제안하고 동의를 얻는 방식으로 하고 아차차, 어젠다Agenda가 먼저였지? 일단 취지를 설명하고 참가자 모집 아이디어가 결과물Product임을 알려준 후 포스트잇을 활용해서 다 쓰고 나면 벽 쪽으로 모이게 한 다음 분류 작업으로… 그 다음엔? 아이디어끼리 이야기하게 만든다고 했는데…. 지난번 교육 때 실습했던 대로 따라 해야겠다. 어차피 난 초보니까. 마지막으로 성찰하면 끝!

2020년 9월 5일 (토)

오늘은 꼭 일기를 써야겠다고 오후부터 몇 번이나 다짐했다. 지난주에 있던 퍼실리테이터로서의 첫 회의를 오래 놔두면 다 까먹을 것 같았기 때문이다.

월요일 오후에 하기로 했던 회의가 미뤄진 것은 센터의 바쁜 업무를 생각하면 오히려 정상에 가까운 일이다. 사실 '휴… 다행이다.'라고 몇 번이나 되뇌었는지 모른다. 그리고 정말 다행히도 수요일 15:00~16:30에 회의를 할 수 있었다.

수요일 그 시간에도 서 주임은 바쁜 일을 처리해야 한다며 미안하다는 말을 남기고는 빠져버렸다. 지난번 교육에서 명민한 퍼실리테이터가 걸프전에 참전한 미 장군이 남긴 말이라며 "모든 군사작전은 적을 만나는 순간 무효가 됩니다. 작전대로 일이 진행되지 않는다고 당황하면 안 돼요."라고 했던 말이 생각나서 당황하거나 실망하지는 않았다. "퍼실리테이터는 어떤 상황에서도 사람과 상황을 부정적으로 추론해서는 안 됩니다. 어떤 상황을 부정적으로 인식하게 되면 마음을 제대로 컨트롤할 수 없어요. 그 생각이 나를 방해해서 중립적 입장에서 판단할 수 없게 하거든요."라는 말을 떠올리며 서 주임을 이해하려고 노력했다. 이제 와서 생각해보니 그 노력이 확실히 도움이 되었던 것 같다. 적어도 감정에 휩쓸려 진행을 그르치진 않았다.

시작이 어려웠던 건 사실이다. 사무실에서 매일 만나는 사람들이다 보니 격식을 갖추고 회의를 진행하는 게 생각보다 아주 어색했다. 다행히 직원들은 내 편이 되어 아이스 브레이크(근황 토크)에 참여해주었고 미리 정한 기본 규칙(휴대폰 사용금지, 적극적 참여)도 수월하게 동의해주었다. 우리의 빅 마우스 박 과장이 이때까지 아무 말 없이 따라 준 것은 정말 다행이었다.

　우선 여러 가지 업무로 바쁘신 가운데 흔쾌히 회의에 참여해주어 고맙다는 인사를 진심을 담아 했다. 이렇게 초반 분위기를 잡고 나서 바로 본론으로 들어간 것은 잘한 일이었다. 장황한 설명은 누구나 싫어하니까. 그리고 비장의 무기, 포스트잇을 가리키며 오늘은 자기 의견을 여기에 쓰면서 이야기를 할 거라고, 그 이유는 전원이 참여하는 것이 중요해서라고 설명했다. 박 과장은 여기까지도 잘 따라와 주었다. 적어도 그때까지는 말이다.

　문제(?)는 그 이후에 터졌다. 회의 참가자들이 '경력 단절 여성 프로그램 참가자 모집'에 대한 아이디어를 각자 세 장씩 쓴 것을 확인하고 "이제 앞으로 나와서 자기가 쓴 포스트잇을 여기 있는 이젤 패드에 붙이면서 간단히 설명해주세요."라고 했는데 말을 마치기가 무섭게 박 과장이 앞으로 나선 것이다.

　"내가 먼저 이야기해도 되지?"하며 그동안 참았던 말 대포를 쏘아대기 시작하는데….

　"내가 이 아이디어를 내는 이유는 말이지, 근데 이 아이디어를 누가 나에게 말해주었는지 알아? 이거 정말 괜찮은 생각인 것 같지 않아? 이 아이디어를 실행에 옮기려면 필요한 사항이 세 가지인데…"

　초보인 내가 당황한 것은 당연했다. 박 과장의 큰 목소리와 장황한 수사에 한참을 정신 잃고 있다가 문득 지난번 교육에서 들은 명민한 퍼실리테이터의 이야기가 생각났다. 아차. 모래시계. 나는 미소를 머금고는 "박 과장님 좋은 말씀 감사해요. 자, 여러분 먼저 말문을 열어준 박 과장님께 박수 부탁드려요. 그런데 우리가 모두 바쁘다 보니 오늘 회의 시간을 딱 1시간 30분밖에 쓸 수가 없잖아요. 그래서 제가 지금부터 여러분께 모래시계를 하나씩 드릴게요."라고 말하며 미리 준비한 모래시계를 나누어주고 사용하기 시작했다.

효과는 만점! 2분짜리 모래시계의 모래가 다 떨어질 때까지 말하는 사람은 딱 한 사람밖에 없었다. 박 과장도 모래가 떨어지면 얼른 이야기를 정리하려고 노력하는 것이 아닌가?

그날 나에게 두 번째 난관은 윤 복지사가 쓴 포스트잇에 있었다. "우리 모두 적극적으로 노력한다."라고 쓴 것이다. 애매모호한 내용이라 어떻게 진행해야 할지 난감하던 차에 다행히도 지난번 교육 때 들었던 말을 떠올릴 수 있었다. '퍼실리테이터가 보다 세부적인 질문을 해줌으로써 회의 참가자가 자기 생각을 구체화하도록 도와야 한다'는 내용이 머리를 스친 것이다.

나는 윤 복지사에게 최대한 나긋한 목소리로 질문했다.

"과장님, 적극적으로 노력한다는 것이 구체적으로 예를 들면 어떤 걸까요?"

다행히 윤 복지사는 주변 지인들에게 홍보하자는 이야기를 해주었고, 나는 "그럼 한 사람당 몇 명 정도 홍보하는 것이 적당할까요? 언제까지 하는 게 좋을까요? 우리 프로그램의 어떤 내용을 강조하는 게 맞을까요?"와 같은 지금 생각해도 신들린 사람처럼 질문을 이어갔다. 윤 복지사는 질문에 따라 자기 생각을 차근차근 말해주었다. 구체적 질문에는 구체적 대답이 나오게 되어있다는 의미를 몸으로 경험한 시간이었다.

오늘 이 일기장에 꼭 기록해두고 싶은 또 하나는 느림보 이 주임에 관한 이야기다. 각자 세 장씩 포스트잇을 쓰기로 하고 작성하던 중 박 과장이 이 주임에게 "빨리 좀 써. 다들 기다리잖아." 하며 재촉하는 것이 아닌가? 순간 당황했지만 "박 과장님, 이 주임이 신중한 친구잖아요. 생각을 가다듬고 있는 것 같으니 잠시만 기다려요. 이 주임 천천히 해도 괜찮아요."라고 해서 진화 작업에 성공했다. 퍼실리테이팅이 그리 녹록한 작업은 아니라는 게 오늘의 결론이다.

사실 이 주임의 성찰 덕분에 또 한 가지 교훈을 얻을 수 있었다. 마지막 성찰 시간에 이 주임이 딸이 어젯밤 심하게 열이 났고 아침에 나아지긴 했지만 자주 그러는 것 같아 걱정이 많다고, 그래서 아까 딴 생각하느라 회의가 지연되었다며 모두에게 미안해했고 퍼실리테이터인 내가 괜찮다고 해주어서 정말 고마웠다며 울먹이는 것 아닌가? 그 말에 박 과장은 사과하고 난 (속으로 조금) 우쭐했다. 수업에서 명 퍼실리테이터가 그 어떤 상황에서도 부정적으로 추론하면 안 된다고 힘을 주어 강조했던 게 이런 건가 보다.

오늘 일기가 길어지는데… 그래도 잊기 전에 딱 한 가지만 더 기록해두고 싶다. 각자가 써서 붙인 포스트잇을 분류하고 나서 박 과장이 여기서 몇 개를 고르면 되냐고 물었다. 본인도 이런 교육을 받고 이곳저곳 회의에 참석해서 익숙하다며 "이 주임, 그 스티커 있잖아." 하면서 투표하자고 제안한 것이다. 바로 이때 다시 한번 교육받았던 내용이 내 머리를 스쳤다. 명민한 퍼실리테이터는 메뉴를 고르는 거라면 투표를 해야 하지만 아이디어는 함부로 투표에 부쳐서는 안 된다. 그보다는 아이디어끼리 이야기하도록 해야 한다. '이것과 저것을 붙이면 어떤 조합이 생길까? 저것과 요것을 함께 해보면 어떤 새로운 아이디어가 탄생할 수 있을까?' 하며 아이디어끼리 자유로운 융합이 일어날 수 있게 해야 한다고 했다.

나는 서두르는 박 과장에게 예의 바르게 양해를 구하고 감사의 말을 전한 다음 내 나름의 논리를 덧붙였다. "이 아이디어 모두가 나름의 이유가 있는데 이 중 한두 개만 고르고 버린다면 아깝잖아요?" 다행히 모두가 수긍해주었고 우리는 실제로 두세 가지 아이디어를 조합해서 더 개선된 아이디어로 만드는 짜릿한 경험을 할 수 있었다.

"이제 다했으니까 빨리 끝내 줘." 하고 보채는 박 과장을 달래 성찰 시간까지 깔끔하게 마무리함으로써 나의 퍼실리테이터 데뷔는 성공적으로 끝났다.

A고등학교의 갈등을 해결한
행정 실장

'윤 실장님 안녕하세요? 지난번 받은 교육을 진행했던 명민한 퍼실리테이터입니다. A고등학교에 '주말 사감'을 도입하셨던 스토리가 무척 인상적이네요. 좀 더 상세한 내용을 알고 싶어서 연락드렸습니다. 편하신 시간을 알려주시면 전화 드리겠습니다.'

문자를 보내고 명민한 퍼실리테이터는 약간은 달뜬 마음으로 윤 실장의 답신을 기다렸다. 서너 시간이 지나 기다리던 전화벨이 울렸다.

"여보세요. 윤성실입니다. 문자 받고 바로 전화 드려야지 했는데 시간이 이렇게나 흘렀네요."

"아, 아닙니다. 바쁘실 텐데 이렇게 연락을 주시니 감사해요. 다름 아니라 퍼실리테이션에 관한 책을 쓰고 있는데, 윤 실장님의 스토리를 듣고서는 책에 소개하고 싶은 마음에 연락을 드렸습니다. 매우 어려운 문제를 멋지게 해결하셔서 많은 사람을 행복하게 만드셨더군요."

"별말씀을요. 그저 제가 마땅히 해야 할 일을 했을 뿐인걸요. 여러분이 잘 도와주셨고…"

"하하. 겸손의 미덕까지 갖추셨네요. 바쁘실 텐데 제가 준비한 몇 가지 질문을 드려도 될까요? 괜찮으시면 지금부터 통화 내용을 녹음하고 싶은데 책에 스토리를 쓰려면 용어나 맥락을 정확하게 표현하는 것이 중요해서요."

"네, 네. 좋습니다."

"그럼 먼저 A고등학교에서 있었던 일을 간단히 설명해주시겠어요?"

"네, A고등학교는 서울 시내에 기숙사를 갖춘 다섯 개 학교 중 하나입니다. 학생 전원이 기숙사에서 생활하는데 서울이 집인 학생이 절반이고 나머지 학생은 지방이 집이에요. 서울 거주 학생들은 일주일에 하루, 지방 거주 학생들은 한 달에 한 번 정도 집에 다녀옵니다. 그러다 보니 기숙사를 관리하는 사감들과 식당을 운영하는 조리사들이 주말도 휴일도 없이 근무했던 거죠. 이분들의 피로도가 높았고 무엇보다 초과근무수당의 지급 기준에 대해 학교 측과 해석이 달라 불만이 컸어요. 제가 20××년에 행정 실장으로 부임했는데 직전에 기숙사 사감 중 한 분이 교장 선생님을 상대로 행정 소송을 제기했더라고요. 이 문제를 해결하는 과정에서 부임 전에 배운 퍼실리테이션 교육 내용을 나름 열심히 적용했지요. 덕분에 문제를 원만하게 해결했고요."

"아, 구성원 간에 행정 소송까지 진행되었다면 갈등이 심각했네요. 소송까지 간 이유는 뭐였나요?"

"기숙사 사감들은 학생들이 학교에 있는 낮에는 크게 할 일이 없잖아요. 그래서 학생들이 기숙사에 들어오는 오후 4시부터 자정까지 8시간, 그리고 자정부터 아침 8시까지 8시간, 이렇게 교대 근무를 하거든요. 그런데 이분들의 주장은 야간 근무를 하는 거니까 근로기준법에 의한 야간 특근 수당, 그러니까 일반 시급의 150%를 받아야 한다는 거죠. 게다가 토요일과 일요일에도 지방 학생들이 기숙사에 있어 근무하고 있으니 휴일 초과 근무 수당 150%를 적용해야 한다는 거였어요. 그런데 학교 입장은 애초 근로계약서에 정규 근무 시간 자체가 야간으로 명기되어있으므로 야간 근무는 특근이 아니다. 특근 수당을 지급할 수 없다는 거였죠."

"흠, 서로의 입장 차이가 분명했군요."

"제가 부임해보니 대화로 해결할 수 있는 선은 한참 지났더라고요. 사감과 조리사 분들은 학교에서 하는 이야기는 아예 들으려고 하지도 않았어요. 학교가 모든 일을 편한 대로 해석하고 처리한다는 인식이 팽배했죠. 오죽하면 소송까지 생각했겠어요."

"그 상황에서 실장님이 제일 먼저 한 일은 뭐였나요?"

"일단 현상을 정확하게 파악하는 것이 중요하다는 생각이 들더라고요. 그래서 서울에서 기숙사를 운영하는 다섯 개 학교의 기숙사 사감과 조리사 분들의 급여 지급 기준과 방식을 조사했어요. 자료가 충분해야 이분들과 이야기할 수 있을 테니까요. 그랬더니 A고등학교의 급여 수준은 다른 학교들에 비해 높은 편이더라고요. 자료를 준비한 다음 사감님들께 만나자고 했죠. 총괄 사감님을 직접 찾아가 사감님들의 이야기를 듣고 싶고 어떻게든 좋은 방향으로 문제를 해결하고 싶다고 진심을 담아서 이야기했어요."

"그분들 반응은 어땠나요?"

"처음에는 반신반의했어요. 그런데 제가 진심으로 그분들의 이야기를 듣고 공감했거든요. 그랬더니 미팅 후반부에서는 봄 눈 녹듯 분위기가 누그러지더라고요. 소송을 주도했던 사감님이 이 학교에 10년 넘게 근무하면서 수없이 문제를 제기했지만 만나자고 제안한 학교 당국자는 당신이 처음이었다면서 고맙다고도 하셨어요. 퍼실리테이터의 제1 기본기가 '진심 어린 경청'이라는 걸 몸소 체험한 날이었죠. 또 '문제의 정의를 명확히 해야 한다'는 것도 도움이 되었어요. 문제해결형 회의에서 가장 중요한 것은 해결해야 할 진짜 문제가 무엇인지에 대해 참가자 모두가 동일하게 인식하도록 퍼실리테이터가 도와야 한다는 거잖아요. 그래서 저는 여러 차례 질문하고 모든 분이 자유롭게 말할 수 있도록 분위기를 이끌었죠. 그날 회의에서 우리의 문제는 '수당이 많고 적음이 아니라 수당 지급 기준에 대해 학교 측과 직원 측이 명확하게 합의하지 않고 넘어갔다는 것'이라고 결론을 내렸어요."

"그럼 그때부턴 문제해결이 일사천리로 되었나요?"

"아니요. 저도 그때는 그렇게 생각했는데 한 번의 미팅으로 풀기에는 그동안 쌓인 불신의 벽이 너무 높았나 봐요. 두 번째 미팅을 시작하면서 첫 미팅 때 제기했던 문제와 그날 논의되었던 내용을 요약해서 말씀드리고 제가 빠트린 내용을 물으면서 최선을 다했는데도, 이분들은 학교가 법 규정을 자기들 유리한 쪽으로 해석하고 적용하려 한다는 의구심을 바꾸지 않았어요."

"정말 어려운 상황이었네요. 실장님은 어떻게 그 난관을 돌파했나요?"

"사실 막막했어요. 그래서 퍼실리테이터 교육 과정에서 배운 대로 했습니다. '내 의도를 배제하고 중립적으로 대안 탐색적인 열린 질문을 하자' 미팅이 진행되는 도중 몇 번이나 이렇게 되뇌었어요. 회의 내용을 따라가면서 어떻게 질문하는 것이 좋을까를 생각해내는 것은 정말 어렵더라고요. 그리고 생각해낸 질문이 '어떤 사람에게 물어보면 우리에게 객관적인 관점에서 법률적인 지식을 전달해줄 수 있을까요?'였어요."

"타고난 퍼실리테이터이신데요? 그분들은 뭐라고 하던가요?"

"제가 그런 질문을 하는 것 자체를 처음에는 의아해하더군요. 어떤 의도를 갖고 유도 질문을 하는 건 아닐까 하고 말이에요. 그런데 중립적이고 열린 형태의 질문은 확실히 힘이 있더라고요. 질문을 아무리 곱씹어 봐도 숨은 의도가 보이지 않잖아요. 그리고 저는 진짜 의도가 없었거든요. 진심으로 신뢰할 수 있는 중립적인 인물을 같이 찾아보고 싶었어요. 제 진심이 통했는지 한참을 바라보더니 사감님 중 한 분이 노무사를 불러 이야기를 들어보자고 하더라고요. 제가 진짜 좋은 생각이라고 했죠. 혹시 아는 노무사가 있냐고 물어보니 그건 제가 알아서 섭외하라 했습니다. 그 정도까지는 저를 믿어주겠다는 거였겠죠?"

"그러네요. 진심이 통했네요. 그다음엔 어떻게 됐나요?"

"다음 미팅에서 노무사가 오셔서 깔끔하게 정리해주셨어요. 2018년에 개정된 근로기준법에 의하면 주 15시간 이상의 초과 근무는 허용되지 않는다는 내용을 사감님들과 조리사 분들이 알아듣기 쉬운 말로 설명해주셨어요. '선생님들 잘 들으세요. 여러분들이 주당 15시간 이상 초과 근무하면 여기 이 행정 실장님과 교장 선생님이 교도소 가야 합니다. 아셨죠?' 하고요. 이 이야기가 우리의 관점 차이를 한 번에 정리해준 거죠. 그때부터 우리 관심은 '그러면 어떻게 법률을 위반하지 않으면서 서로 합의할 수 있는 기준을 만들 수 있을까?'로 바뀌었어요. 이해관계가 완전히 달랐던 두 집단에 드디어 공동의 화두가 생긴 거죠."

"그야말로 극적인 변곡점이네요. 그다음은 어떻게 하셨어요?"

"또다시 퍼실리테이터의 행동 지침을 따랐죠. 질문하라! 그리고 회의 참가자들을 믿는다는 신호를 보내라! 그날 미팅을 마치면서 이렇게 말했어요. '법의 테두리 안에서 서로가 만족할 방법은 뭐가 있을까요? 오늘은 늦었으니 다음 미팅 때 이야기해보기로 하죠. 저는 여러분이 좋은 아이디어를 내주실 거라고 믿어요. 현장 사정을 제일 잘 아는 분들이니까요. 제가 진심으로 믿고 있다는 거 아시죠?'라고요."

"진짜 대단하세요. 교육에서 배운 걸 그대로 실천하신 것도요. 다음 미팅 때 무슨 일이 벌어졌을지 정말 궁금한데요?"

"미팅 전에 사감님들이 제가 했던 질문에 대해 많은 이야기를 주고받은 것 같더라고요. 미팅이 시작되자마자 한 분이 약간 흥분된 얼굴로 '주말에는 알바 사감을 쓰면 어떻겠냐'고 제안하는 거예요. 그때까지는 사감님들이 돌아가면서 토요일, 일요일 근무를 하셨거든요. 피로가 누적되어 힘들지만 어차피 급여가 올라가는 거니까 당연한 걸로 생각했는데, 법률이 주당 15시간 이상의 초과 근무를 인정하지 않는다고 하니 이참에 주말에는 쉬고 싶다고 하셨어요. 본인들끼리는 이 아이디어에 합의했다고요. 저는 당연히 좋은 생각이라고 맞장구를 쳤죠. 그리고 다시 질문했어요. '어떤 사람을 주말 사감으로 모시면 좋겠느냐'고요. 그랬더니 좀 젊은 사감님이 A고등학교가 12년이나 되었으니 우리 학교 졸업생 중 이 근처 대학교에 다니는 학생이 좋을 것 같다고 하더라고요. 저를 비롯한 회의 참석자 모두가 OK 했죠."

"아, 거기서 주말 사감이라는 말이 탄생한 거군요~"

"네, 맞아요."

"그 후에 아이디어가 실행에 옮겨졌나요?

"그럼요. 근데 아이디어가 좋기는 한데 실제로 우리 학교 졸업생들이 주말에 기숙사 사감이라는 아르바이트를 하려고 할지는 잘 모르겠는 거예요. 그래서 사감님들과 어디에다 광고할지, 어떤 기준으로 선발할지, 면접은 누가 볼지, 언제부터 근무하게 할지, 교육은 누가 어떤 내용으로 언제 몇 시간을 시킬지, 시급은 얼마로 할지, 그야말로 최초 아이디어를 상세하게 구체화했죠. 그리고 뚜껑을 열어보니 네 명이나 면접에 응시한 거예요. 원래는 두 명만 뽑기로 했는데 우리 학교 졸업생인데다 다들 열성적으로 해보겠다고 하는 바람에 네 명 모두를 뽑았어요."

"말씀을 들어보니 사감님들과 호흡이 착착 맞았네요."

"정확히 보셨어요. 고작 네 번 미팅했을 뿐인데 그분들을 믿어드리고 약속했던 대로 규정을 새로 만들고 차근차근 일이 진척되는 모습을 보이자 정말 협력이 잘 되더라고요."

"아, 그 주말 사감 대학생들은 잘 해내던가요? 본인들이 지냈던 공간이라서 익숙하긴 하겠지만, 아무리 후배라도 어려움이 있었을 텐데요."

"하하, 전혀 어려워하지 않더라고요. 주말 사감 모두가 모교에 대한 자부심이 대단했어요. 기숙사 학생들과 나이 차이가 적기도 했고, 자기들이 희로애락을 함께했던 공간이잖아요. 그뿐만이 아니었어요. 주말 사감들이 업무에 어느 정도 익숙해진 후에는 재미있는 일이 있었어요. 이 대학생들이 고3 학생들의 자소서를 검토해주고 코칭까지 해준 거예요. 학생들은 물론이고 그 이야기를 전해 들은 학부모도 굉장히 좋아하셨죠. 사실 사감이나 조리사의 급여는 학비와 별도로 학부모가 추가로 내는 비용이라 주말 사감을 고용하면 비용이 더 발생하는데요. 자소서 첨삭 지도 덕분에 비용 증가에 대한 학부모의 불만이 한 방에 날아가 버린 거죠.

"제대로 된 퍼실리테이터 역할로 여러 사람을 행복하게 하셨군요. 혹시 그 이후에 달라진 상황에 대해 덧붙일 말씀이 있는가요?"

"그렇게 봐주니 감사하네요. 추가하고 싶은 이야기라면… 아, 하나 있어요. 사실 조리사 분들과도 긴 대화를 나누었는데요. 그 이야기를 여기서 다 할 수는 없고, 어쨌든 그분들의 고충도 똑같은 방법, 그러니까 열린 대화와 전원 참여 방식의 퍼실리테이션 회의를 통해 차례로 해결했어요. 하나만 예를 들자면 조리사 분들의 부담을 덜어드리기 위해 학운위(학교운영위원회) 급식분과 위원(학부모)들과 합의해서 금요일 저녁 식사는 제공하지 않는 걸로 정했거든요. 절반이 넘는 서울 거주 학생들이 금요일 저녁에는 기숙사에 없으니까요."

"아~ 조리사 분들이 엄청 좋아했겠는데요."

"네, 맞아요. 하나만 더 말씀드릴게요. 지금까지 말한 일련의 미팅과 문제해결 과정이 꼬박 3개월이 걸린 거거든요. 7월에 처음 만나서 10월에 끝났으니까요. 그리고 10월 하순 어느 날 A고등학교 개교 이래 처음으로 학교 구성원 모두가 모여서 잔치를 했어요. 사감, 조리사, 교장 선생님, 부장 선생님 모두가 참석해서 한바탕 웃고 놀았죠."

"뿌듯한 결말이네요 바쁘실 텐데 오랜 시간 상세히 답변해주셔서 감사합니다. 오늘 나눈 이야기는 잘 정리해서 책에 소개할게요."

A고등학교 갈등을 해결한 윤성실 실장의 성공 요인

첫째, 문제를 정확하게 정의한 것이 성공의 첫 단추였다. A고등학교 갈등의 진짜 문제는 '수당 지급 기준에 대해 학교 측과 직원 측의 명확한 합의가 없었다'는 것이다.

둘째, 문제해결을 위해 올바른 방법으로 접근했다. 먼저 서울 시내 다섯 개 학교의 기숙사 운영 실태에 대해 정확한 정보를 수집한 것, 무엇보다 중립적인 입장에서 개정된 법률에 대한 정확한 지식을 전달해줄 노무사를 섭외했던 점이 돋보였다. 문제해결 주체들이 정확한 지식과 정보를 동일하게 공유하는 것은 갈등 해결의 기본이다.

셋째, 퍼실리테이터의 경청이 주요한 역할을 했다. 퍼실리테이터 역할을 한 윤 실장은 기숙사 사감과 조리사들의 말을 매우 주의 깊게 경청했다. 진정한 경청으로 피해의식과 불신을 없애고 그들이 협상 테이블에 다시 돌아오도록 하는 데 결정적으로 기여했다.

넷째, 중립적이고 대안 탐색적인 열린 질문으로 기숙사 사감과 조리사들의 마음을 열게 했을 뿐만 아니라 주말 사감이라는 기가 막힌 아이디어까지 얻을 수 있었다. 중립적인 열린 질문은 참신한 아이디어를 도출하는 데도 효과적이지만 아이디어를 실행에 옮기는

데도 강력한 힘을 발휘한다. 퍼실리테이터의 질문에 회의 참석자, 즉 문제해결의 주체들이 스스로 답을 찾은 것이므로 아이디어의 실행 과정에서 어려움이 생기더라도 이를 극복하려는 의지를 갖게 해주기 때문이다. 만약 윤 실장이 "주말에는 대학생 아르바이트생을 쓰면 어떨까요?"라고 제안했더라면 기숙사 사감과 조리사들의 반응은 상당히 달랐을지 모른다.

다섯째, 퍼실리테이터로서의 마인드 셋이 주효했다. 진심으로 당사자들을 이해하려는 마음가짐이 있었고 그 마음이 잘 전달되었다. 전문 용어로 말하자면 큐리오시티Curiosity와 컴패션Compassion이라 할 수 있는데, 큐리오시티는 선입견 없이 중립적인 자세로 사안을 바라보는 태도를 말하고, 컴패션은 당사자의 마음으로 사안을 이해하려는 자세를 말한다. 이러한 태도와 이해가 전해지면 당사자의 마음이 열리고 문제가 해결될 실마리가 보인다.

사회복지사 윤지영과
퍼실리테이터의 대화

올해로 사회복지사 10년 차가 된 윤지영은 몇 년 전부터 H 시가 추진해온 '사회적 고립 가구 주민관계망 형성 사업'에 큰 관심을 두고 있었다. 최근에 발표한 통계자료에 의하면 H 시에서 발생한 고독사가 한 해 동안 무려 162건이나 되고, 가족 중심 돌봄 기능과 사회안전망이 약화됨에 따라 그 숫자가 급증하는 추세라 했다. 사회복지사로서의 기본적인 소명 의식이 있던 윤 복지사는 평소 홀로 사는 1인 가구에 대해 관심을 가지게 되었고, 이에 사회적 고립 가구 주민관계망 형성 사업에 참여해보기로 했다. 무엇보다 이 사업을 위해 H 시가 표방하는 '주민이 사는 지역의 전문가는 주인이다', '주민이 성장하며 주도적으로 활동한다' 등의 원칙들이 마음에 들었다.

무엇을 어떻게 해야 하는지를 고민하던 중 윤 복지사에게 이 사업에서 '촉진가'라는 역할을 수행해보지 않겠냐는 제안이 들어왔다. 그는 흔쾌히 그 제안을 수락했다. 그리고 촉진가 양성 과정에서 명민한 퍼실리테이터를 만났다. 명민한 퍼실리테이터가 진행하는 2일간의 촉진가 양성 과정은 이 사업에 혼신의 힘을 쏟고 싶었던 윤 복지사에게 단비와 같았다. '이렇게 하면 주민들을 참여하게 할 수 있겠구나.' 연신 고개를 끄덕이며 교재의 빈 곳에 빼곡히 메모하는 동안 교육은 벌써 마지막 시간이었다.

"나중에 이웃살피미(주민)를 대상으로 워크숍을 진행할 때 참고하시라고 매뉴얼을 만들었어요. 그래도 질문이 생기면 연락하세요. 전화를 받지 않으면 문자를 남겨주고요. 가능한 한 빠르게 연락드릴게요."

이 말을 남기고 명민한 퍼실리테이터는 이틀 동안 함께했던 학습자들과 헤어졌다.

그로부터 한 달여가 지난 어느 날 윤지영 복지사는 명민한 퍼실리테이터에게 문자를 보냈다.

"안녕하세요? 저는 지난달 '사회적 고립 가구 관련 주민관계망 형성 사업'의 촉진자 양성 과정에 참가했던 S종합사회복지관의 윤지영이라고 합니다. 업무를 하다 보니 이런저런 질문이 생겼어요. 편하신 시간에 전화 통화를 부탁드려도 될까요?"

문자를 보내놓고 윤 복지사는 명민한 퍼실리테이터에게 묻고 싶은 질문을 정리하기 시작했다. 바쁜 사람에게 전화해달라 해놓고 횡설수설하고 싶지는 않았기 때문이다. 질문은 다섯 개였다.

1. 워크숍을 진행할 때 시간이 부족한 경우 어떻게 해야 하는가?
2. 한 참가자가 다른 사람과 의견이 다를 때 논쟁을 일삼는데 어떻게 해

야 할까?

3. 참가자들이 사회복지사인 나에게 의견을 구하는 경우 어떻게 해야 하는 가? 즉 퍼실리테이터이면서 내용 전문가인 경우 어떻게 행동해야 하나?

4. 참가자들이 자신의 의견을 포스트잇에 쓰는 동안 먼저 쓴 사람들이 잡 담을 나눌 때는 어떻게 해야 할까?

5. 시간에 쫓겨 성찰하지 못했는데 괜찮은지, 혹은 마음이 반쯤 집에 간 분 들을 성찰의 시간에 집중하게 하려면 어떻게 해야 하는가?

사실 윤 복지사는 일주일 전에 자신이 근무하는 S종합사회복지관에 서 주민 17명을 대상으로 '이웃살피미'라 부르는 사회적 고립 가구를 돌보는 지역 활동가를 대상으로 첫 번째 워크숍을 진행했다. 이때 윤 복지사는 한 달 전에 교육받은 촉진가 양성 과정 교재와 '사회적 고립 가구 주민관계망 형성 사업 가이드라인'에 관한 책자를 꼼꼼히 복습하 고 처음 공연하는 연극배우라도 된 양 주민 앞에서 해야 할 멘트를 적 어 외우고 연습도 여러 번 했다. 그런데도 아쉬움이 남았다. 앞으로 남 은 워크숍은 두 번. 좀 더 만전을 기하고 싶었다.

저녁 8시가 조금 넘은 시간, 드디어 전화벨이 울렸다.

"안녕하세요, 윤 복지사님. 명민한입니다."

"네, 안녕하세요. 바쁘실 텐데 연락해주셔서 감사합니다."

"당연하죠. 제가 약속드린걸요."

"바쁘실 테니 궁금했던 점을 바로 여쭐게요. 다섯 개인데 좀 많죠? 첫 번째 질문은….."

윤 복지사는 그동안의 경과를 간단히 설명한 다음 첫 번째 질문을 던졌다.

"시간 부족은 퍼실리테이터라면 누구나 경험하는 거니까 너무 걱정하지 마세요. 저도 수없이 많은 회의와 워크숍을 진행했지만 단 한 번도 시간이 충분했던 적은 없어요. 제 경험으로 볼 때 시간 부족 문제를 다소나마 해결할 방법은 두 가지더라고요. 하나는 퍼실리테이터가 최대한 말을 적게 하는 거예요. 워크숍의 목적 달성을 위해 꼭 필요한 이야기가 아니면 아무리 하고 싶어도 꾹 참는 거죠. 워크숍을 시작하기 전에 모두가 볼 수 있도록 화이트보드에 '퍼실리테이터의 세 가지 행동 지침'을 써놓고 시작하는 것도 도움이 돼요. 행동 지침 세 가지란 '참가자의 인격과 경험을 존중한다', '워크숍의 목적을 달성하기 위해 꼭 필요한 언행만 한다', '참가자의 휴식 시간을 최대한 보장한다'인데, 그중 두 번째가 시간 관리에 특히 필요하죠."

"세 가지 행동 지침 모두 참가자 위주로 되어있네요. 퍼실리테이터는 주인공이 되어서는 안 되고 참가자들을 주인공으로 만들어주는 조력자이자 촉진자여야 한다고 했던 말씀이 생각나요."

"그렇죠. 퍼실리테이션은 참가자에게 행동으로 보이고 느껴져야 제대로 된 힘을 발휘하니까요."

"네, 알겠어요. 그럼 시간 부족을 해결할 수 있는 두 번째 방법은 뭔가요?"

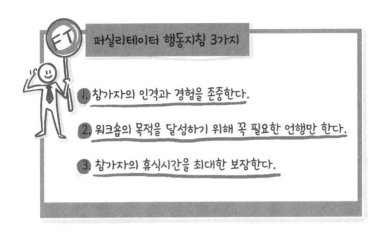

"두 번째 방법은 비교적 간단해요. 이 정도면 충분하겠다고 생각했던 시간의 1.5배 시간을 확보하는 거예요. 예를 들어 오후 1시부터 4시까지 워크숍을 하겠다고 공지한 다음 4시 10분에 끝내주는 것과 4시 30분까지 하겠다고 해놓고 4시 20분에 끝내는 것 중 어느 쪽이 참가자에게 호응받을까요?"

"당연히 후자죠. 아~ 그게 방법이겠군요."

"네, 그렇답니다. 두 번째 질문은 어떤 건가요?"

윤 복지사는 간단한 배경 설명과 함께 메모해두었던 질문을 던졌다.

◑ 두 번째 질문 ◑

'참가자 중 한 명이 다른 사람들과 의견이 다를 때 논쟁을 일삼는데 어떻게 대응해야 할까?

"그 문제도 현장에서 자주 부딪히는 문제죠. 저도 줄잡아 세 번에 한 번은 경험하는 것 같아요. 여러 가지 원인이 있을 거예요. 일단 논쟁을 시작하는 분이 자신의 의견이 무시당하고 있다고 느끼는 경우가 있죠. 자기 이야기를 다른 사람이 잘 들어주지 않는다고 느끼거나 자신의 의도와 다르게 받아들여지고 있다고 느낄 때 사람들은 흥분하게 되고 목소리가 커지니까 다른 사람들은 그 사람이 분위기를 흐린다고 오해하기 쉽거든요. 윤 복지사님의 경우는 어떤 것 같으세요?"

"흠… 솔직히 말씀드리면 저는 정확한 원인을 파악할 만한 심적인 여유조차 없었어요. 참가자 두 분이 큰 소리를 내니까 너무 당황스럽더라고요."

"그럴 수 있죠."

"만약 원인이 거기 있었다면 어떻게 대처하시나요?

"윤 복지사님이 한 번 맞춰보세요. 저라면 어떻게 했을까요? 힌트를 드린다면 퍼실리테이터의 기본기와 관련이 있어요."

"혹시 경청 말씀하시는 거예요?"

"딩동댕! 왜 경청일까요?"

"아까 말씀하셨듯이 논쟁이 시작된 이유가 본인의 의견을 제대로 이해해주는 사람이 없다고 느끼는 것이기 때문이겠죠? 맞나요?"

"맞아요! 그럼 그때 퍼실리테이터는 어떻게 해야 할까요?"

"저라도 잘 들어드렸어야 했던 건가요?"

"바로 그거예요. 잘 들어보고 그분이 주장하는 바를 모든 사람이 이해하기 쉽게 요약해드리고 '선생님께서 하려는 이야기가 이런 거죠?' 라고 짚어준다면?"

"그분이 좋아하시겠네요."

"그렇죠. 바로 그런 이유로 퍼실리테이터는 경청의 모범을 보여야 한다고 강조했던 거예요."

"이제야 경청의 의미를 제대로 이해한 듯해요. 그런데… 그런 이유가 아니라면요? 여러 가지 이유가 있다고 하셨잖아요."

"또 하나는 논쟁을 일으킨 사람의 대항마가 등장해서 모든 참가자가 청군과 백군으로 나누어 싸움하려는 경우예요. 이렇게 되면 상황이 훨씬 더 복잡해지죠. 양 진영이 팽팽히 맞서 토론이 아닌 싸움을 하는 상황이 되거든요."

"가만히 생각해보니 지난번 제 경우가 그와 비슷한 상황이었어요."

"아, 혹시 어떤 주제로 토론할 때 그런 일이 벌어졌는지 기억나세요? 퍼실리테이션은 순간적으로 일어나는 상황에 적시에 개입해야 하는 거라 제가 조언해드리려면 그때 상황을 정확하게 알려주시는 게 좋아요."

"흠, 제 기억이 정확하다면… '내가 알고 있는 1인 가구가 많은 장소는?'이라는 주제에 대해 생각을 나누는 시간이었어요. 그런데 한쪽은 C장소에 1인 가구가 많다고 주장하고 다른 한쪽은 D장소에 많다는 거였어요."

"아하, 네"

"이 정도만 들어보고도 느낌이 오세요?"

"정답은 아니겠지만, 제 경험과 의견을 말씀드려볼게요. 우리가 말하는 토론에는 세 가지 유형이 있어요. 미국에서는 이를 서로 다른 용어로 구분하는데요. 첫째는 '디베이트Debate', 우리말로는 '논쟁'이라 할 수 있어요. 사람들이 디베이트하는 목적은 이기려는 거예요. '내 말은 맞고 네 말은 틀리다'라는 걸 입증하기 위해 수단과 방법을 가리지 않죠. 인신공격, 막말, 거짓말까지도 서슴지 않고요."

"아…"

"두 번째는 '디스커션Discussion인데요. 우리말로 '토론'이라고 번역하죠. 재미있는 점은 디스커션도 당사자들의 목적은 디베이트와 같아서 자신의 주장이 상대의 주장보다 옳다는 걸 입증하려고 해요. 다만 디스커션에서는 욕설이나 인신공격은 하지 않고 논리적 근거나 과학적 증거, 통계 자료 등을 쓴다는 점이 다르죠. 그래서 미국인들은 Discussion 앞에 skillful이라는 단어를 추가해요. 뭔가 노련하게, 기술적으로 상대방을 거꾸러뜨리려는 시도가 디스커션인 거죠."

"아, 그렇군요. 그럼 세 번째는요?"

"세 번째는 다이얼로그Dialogue인데요. 우리말로 '대화'라고 번역하긴 하지만, 단순한 수다와는 차원이 다른 고차원적 행위라고 할 수 있어요. 일단 다이얼로그는 목적 자체가 디베이트, 디스커션처럼 승패를 가리는 것이 아니에요. 어떤 사물 또는 어떤 사안에 대해 서로가 바라보는 관점이 다르다는 것을 인정한 상태에서 참가자들이 서로의 경험과 정보, 지식과 관점을 나누는 과정을 말하죠. 주의 깊게 경청하다 보면 전에는 몰랐던 넓은 시야와 깊은 통찰에 이르게 되거든요. 고독사가 생기는 원인이나 1인 가구가 많은 장소에 대해서도 얼마든지 디베이트가 아닌 다이얼로그를 할 수 있었을 거예요."

"아, 그렇네요. 그런데 왜 사람들은 툭하면 논쟁하려는 걸까요?"

"그러게요. 아마도 어렸을 때부터 학교나 미디어 등에서 다이얼로

그보다는 디스커션과 디베이트를 더 많이 보고 들어왔기 때문이 아닐까요?"

"말씀을 듣고 보니 그런 것 같네요. 토론에 세 가지 유형이 있다는 말은 오늘 처음 들어요. 이전까지는 토론하면 찬반 토론에 익숙했던 것 같고요. 그럼, 퍼실리테이터는 어떻게 하면 좋을까요? 디베이트나 디스커션이 아닌 다이얼로그를 할 수 있게 하려면요."

"좋은 질문이세요. 우리 같이 생각해볼까요?"

"네? 그냥 말씀해주시면 안 되나요? (웃음)"

"아이고, 안 돼요! 함께 생각해야 머릿속에 오래 남는 거 알잖아요. 참가자들이 토론의 세 가지 유형을 모른다고 했을 때, 퍼실리테이터는 무엇을 해야 할까요?"

"그야 토론에는 세 가지 유형이 있다는 걸 설명해주고 우리 목적은 이기는 것이 아니라 서로에게서 배움으로써 자신의 인식과 사고의 폭을 넓히는 데 있다고 하면 될 것 같은데요?"

"맞아요, 그럼 퍼실리테이터가 참가자에게 질문을 할 때, 즉 참가자에게 토론의 주제를 전할 때 각별히 유의해야 할 것은 무엇일까요? 지난 교육에서 이와 관련한 실습도 한 적이 있답니다."

"흠… 혹시 개방형 질문과 폐쇄형 질문을 말하는 건가요?"

"맞아요! 그렇다면 다이얼로그를 촉진하려면 퍼실리테이터가 개방형 질문을 써야 할까요? 폐쇄형 질문을 해야 할까요?"

"당연히 개방형 질문이죠. 폐쇄형 질문을 하면 '예' 또는 '아니오'라는 의견밖에 안 나올 테니까요."

"좋은 예가 있을까요?"

"음, '고독사는 과연 예방할 수 있는 것인가?'라고 물으면 폐쇄형이고 '우리가 어떻게 하면 고독사를 예방할 수 있는가?'라고 물으면 개방형이 아닌가요?"

"네, 맞아요! 하산하셔도 되겠어요."

"단계적으로 질문을 받으니 질문에 답을 했을 뿐인데도 원하는 답에 이르게 되네요. 퍼실리테이션이 여러 명이 모인 팀 상황에서만 쓰이는 줄 알았더니 이렇게도 되는군요."

"바로 그거예요. 자, 그럼 세 번째 질문은 뭔가요?"

시간이 많이 지났지만, 이번에도 윤 복지사는 1차 워크숍 때 겪은 상황에 대해 간단히 설명하고 질문을 던졌다.

> ◑ 세 번째 질문 ◑
> "참가자가 퍼실리테이터에게 의견을 구할 때는
> 어떻게 해야 하는가?"

"그럴 수 있죠. 게다가 윤 복지사님은 10년 차 사회복지사니까 이 분야에 처음 입문하는 이웃살피미들이 볼 때는 당연히 전문가라고 생각될 거예요."

"그런 것 같더라고요. 사실 저도 제대로 아는 게 없는데 말이죠."

"자, 소위 내용 전문가의 역할과 퍼실리테이터의 역할을 동시에 수행할 때 그 두 가지 역할을 어떻게 구분해야 하는가, 제가 질문을 제대로 이해했나요?"

"네, 맞아요."

"이런 문제는 저 같은 외부 퍼실리테이터보다 윤 복지사님처럼 내부 퍼실리테이터에게 더 많이 생기는데요. 저도 가끔 비슷한 경험을 할 때가 있어요. 예전에 조직 리더를 양성하는 프로그램을 개발하려는데 퍼실리테이터를 해줄 수 있겠냐고 요청이 왔어요. 그래서 한참을 퍼실리테이터로서 진행하고 있었는데 '퍼실리테이션에 숙달하면 개인에게는 어떤 점이 좋을까'라는 주제가 나온 거예요. 그때 참가자 중 한 분이 저의 경험을 이야기해달라고 하셨죠. 저는 처음에는 퍼실리테이터라서 토론에 개입하면 안 된다고 거절했는데, 그냥 들려주면 안 되냐고 계속해서 요구하는 거예요."

"저와 거의 같은 경우네요. 그래서 뭐라고 하셨어요?"

"이렇게 말했던 것 같아요. '좋습니다. 제 경우를 말씀드릴게요. 그런데 지금부터 저는 퍼실리테이터가 아니라 경험자로서, 즉 내용 전문가로서 말씀드린다는 점을 정확히 이해하셨으면 합니다. 그리고 제 경험은 어디까지나 외부 퍼실리테이터로서의 특장점에 관한 것이므로 회사 내부 퍼실리테이터로서 얻을 수 있는 장점과는 상당 부분 차이가 있다는 점도 염두에 두셨으면 합니다.' 그러고 나서 제 이야기를 간단히 하고 질의응답을 했죠."

"그럼 이야기하고 난 다음에 다시 퍼실리테이터 역할로 돌아간 건가요?"

"맞아요. 제 경험을 이야기한 후 이렇게 말했어요. '자, 그럼 저는 다시 퍼실리테이터 역할로 돌아갑니다. 퍼실리테이터 모자를 쓴 것 보이시죠?' 하면서 모자를 바꿔 쓰는 시늉을 했어요. 두 가지 역할을 하고 있다는 걸 조금이라도 표현하려고요."

"이해는 가는데, 그게 말처럼 쉬울지는 잘 모르겠네요. 아무튼 무슨 뜻인지는 알겠어요."

"자, 그럼 네 번째 질문으로 가볼까요?"

윤 복지사는 이번에도 자신이 경험했던 실제 상황을 간단하게 설명하고 미리 준비한 네 번째 질문을 던졌다.

> ◐ 네 번째 질문 ◑
>
> **"참가자들이 자신의 의견을 포스트잇에 쓰는 동안**
> **먼저 쓴 사람들이 잡담을 나눌 때는 어떻게 해야 할까?"**

"사실 워크숍이나 회의 참가자 입장에서는 명목집단법이 요구하는 '침묵의 시간'이 생소하고 어색할 거예요. 하지만 그렇더라도 그 시간에 잡담하는 걸 그대로 방치하거나 퍼실리테이터가 질문에 답을 하게 되면 명목집단법의 진가를 잃어버립니다."

"잠깐만요. 명목집단법이라고요? 지난번 교육 때 들은 것 같은데… 정확히 뭐였죠?"

"한 번 더 설명해 드릴게요. 대신 앞으로는 잊어버리면 안 돼요. 퍼실리테이터가 정말 많은 상황에서 가장 손쉽게 효과적으로 사용할 수 있는 비기거든요 제가 지난 교육 때 '토론을 시작하기 전에 참가자 각자가 토의 주제에 대해 자기 생각을 다른 사람과 이야기하지 않고 (침묵 속에서) 정리할 수 있도록 잠깐 시간을 주는 방법'이라고 했는데, 기억나세요?

"아, 기억나요. 그 잠깐의 시간에 참가자들은 명목상으로만 집단이고 실제로는 각자가 자기 생각을 정리하고 있는 것이라며, 그 사실을 강조하기 위해 명목집단법이라고 부른다고 했던 것도요. 'Nominal Group Technique'이라는 영어에서 나온 이야기라고도 하셨죠. 하하."

"그럼 명목집단법의 진가가 뭐라고 생각하세요?"

"음…. 자기 생각을 정리할 기회와 충분한 시간을 주어서 참가자들이 정제된 언어를 쓰게 되니까 토론이, 아니 다이얼로그가 생산적으로 된다는 점 아닐까요?"

"네, 맞아요. 그런데 한두 참가자가 그 시간을 못 견디고 말을 하게 되면 우리가 원하는 생산적인 다이얼로그가 방해될 수 있어요."

"그럴 때 퍼실리테이터는 어떻게 해야 하죠?"

"저는 그럴 때 명목집단법의 목적을 간단히 말씀드리고 조금만 참아 달라고 부드럽지만 단호하게 이야기해요. 이미 이야기한 상태라면 그냥 입술에 손가락을 대고 '쉿~' 하기도 하죠. 상황에 따라 자연스럽게 하되 방해가 되는 행동을 방치하거나 용인해서는 안 돼요. 기왕 말이 나왔으니 조금 더 말하자면 참가자들이 포스트잇에 자기 의견을 적고 있을 때 퍼실리테이터가 이런저런 예를 들어가며 정적을 깨는 행위는 정말 해서는 안 됩니다."

"네, 명심할게요."

"이제 마지막 질문이네요. 마지막 질문은 뭔가요?"

"시간에 쫓겨 성찰을 하지 못했는데 괜찮은지, 혹은 마음이 반쯤 집에 간 분들을 성찰의 시간에 집중하게 하려면 어떻게 해야 하는가?

"그런데 사실 마지막 질문에 대한 답은 첫 번째 질문에 대한 답에서 찾은 듯해요."

"그런가요? 어떻게 해볼 수 있을까요?"

"아까 명 퍼실리테이터님이 이야기한 것처럼 충분한 시간을 확보하는 게 중요할 것 같고요."

"다음으로는?"

"흠, 지난번 연수 때 이야기하셨던 것처럼 성찰이야말로 이 워크숍에서 각자가 얻어갈 수 있는 것이라고 한 번 더 강조하면 되겠죠."

"좋아요. 그다음은요?"

"그다음에는 각자에게 자기가 할 이야기를 준비할 시간을 주고, 한 명씩 돌아가면서 이야기를 하게 한 다음 이야기가 끝날 때마다 진심을 담아 박수를 치게 하는 거죠. 맞나요?"

"네, 잘하셨어요."

"그래도 명 퍼실리테이터님만의 '신의 한 수'가 있을 것 같은데, 조언 좀 해주세요."

"흠… 참가자가 모두 몇 분이라고 했죠?"

"17명이요, 저까지 18명."

"음… 그렇다면 저에게 아이디어가 하나 있어요."

"오호! 뭔가요?"

"특별한 건 아닌데요. 그 정도 인원일 경우, 저는 팀별로 활동했더라도 성찰 시간에는 모든 참가자를 하나의 큰 원으로 앉게 한 다음 모두에게 이야기할 수 있게 하거든요. 제가 제일 먼저 성찰을 하죠. 매우 구체적으로요. 아까 어떤 분이 이렇게 이야기하셨는데 그 이야기가 저에게 어떤 의미로 다가왔고 어떤 교훈을 주었다, 하는 식으로."

"아, 먼저 모범을 보이는 거군요."

"맞아요."

"그렇게 하면 그다음 분들도 구체적으로 이야기를 하게 되겠네요."

"그렇죠. 또 하나의 팁이라면 '그냥 많이 배웠습니다' 하면서 넘어가려는 분에게 제가 구체화를 요청하는 질문을 드리죠."

"구체적으로 어떤 걸 배우셨나요? 이런 식으로요?"

"네, 맞습니다. 우리가 드디어 다이얼로그를 하고 있네요."

"그러네요. 정말 감사해요. 오늘 많은 것을 배웠습니다."

"구체적으로 세 가지만 든다면요?"

"농담이시죠? (웃음) 오늘 해주신 말씀 잘 참고해서 멋지게 해볼게요."

"네, 오늘 저도 즐거웠어요. 편히 쉬세요."

퍼실리테이션이란 무엇인가?

퍼실리테이션과 퍼실리테이터의 정의

우리는 퍼실리테이션을 다음과 같이 보고 있다.

모든 구성원은 충분한 능력과 적극적인 의욕을 가지고 있으며

집단지성은 개인 능력의 총합보다 크고

의사결정 과정에 참여해야 결론에 대한 주인의식을 갖게 된다는

기본 가정과 철학에 따라

모든 회의 참가자들이 화기애애한 가운데

한 사람도 빠짐없이 참여하여

정해진 시간 내에

목표로 하는 결과물을 도출함으로써

회의가 추구하는 목적을 달성할 수 있게

조력하고 촉진하는 행위

여기서 퍼실리테이터는 조직 내부 또는 외부의 프로세스 전문가로서 회의 내용에는 공식적인 결정 권한이 없으며 (따라서 내용에는 개입하지 않으면서) 회의 참가자들이 결과물을 도출할 수 있도록 분위기 조성, 의사소통, 의사결정, 문제해결, 갈등관리, 시간관리 등의 측면에서 참가자들을 돕고 촉진하는 사람을 말한다.

실제로 앞의 다섯 개의 리얼 스토리에서 퍼실리테이터 역할을 수행한 사람 중 공식적인 결정 권한을 가진 사람은 영업팀의 김 팀장(리얼 스토리 ❷)과 A고등학교의 윤성실 실장(리얼 스토리 ❹)뿐이다. 그러나 이들은 퍼실리테이터 양성 과정에서 교육받은 대로 리더로서의 공식적인 의사결정 권한을 퍼실리테이터로서 회의를 진행하는 과정에서 사용하지 않았다. 예를 들어 김 팀장은 이 차장이 고충을 토로하는 과정에서 자신이 팀장이고 경험이 많다는 이유로 "이 차장, 그런 경우에는 말이지."라고 말할 수 있는 위치였는데도 자신의 의견을 제시하지 않았다. 그렇게 함으로써 다른 팀원들이 더 자유롭게 의견을 피력할 수 있는 분위기를 조성할 수 있었다.

리얼 스토리 속에서 퍼실리테이터들은 회의 참가자들의 능력과 의욕에 대한 믿음을 몸으로 보여주었다. 예를 들어 리얼 스토리 ❸에서 김나영 과장은 느림보 이 주임이 일부러 뭉그적거리는 게 아니라 원래 신중한 사람이기 때문에 생각을 정교하게 다듬고 있는 것 같다고 말하며 재촉하는 빅 마우스 박 과장을 제지했다. 이러한 퍼실리테이터의 믿음 덕분에 이 주임은 자신의 의견을 피력할 수 있었고 성찰 시간에 사실 어린 딸아이가 지난밤에 아팠기 때문에 잠시 딴 생각을 했고 그런 자신을 너그럽게 이해해주어 감사하다는 보통의 조직 생활에서는 목격하기 힘든 감동의 순간을 모두에게 선사했다.

또한 리얼 스토리 주인공들은 집단지성이 개인 능력의 총합보다 크다는 기본 가정과 철학으로 회의를 진행했다. 예를 들어 리얼 스토리 ❷의 김 팀장은 이 차장이 당면해 있던 업무상의 고충을 해결할 아이디어를 모으는 과정에서 팀원들에게 "이 차장의 진짜 문제가 무엇일까?"라는 질문을 던졌다. 그리고 회의 참가자 전원이 포스트잇에 자신의 의견을 적어서 이 차장에게 보여주었고 이 차장은 그중 "이 두 가지를 합치면 나의 진짜 문제를 정확하게 표현할 수 있겠다."고 이야기했다. 집단지성이라는 다소 현학적인 용어가 영업팀이라는 전투 현장에서 실질적인 모습을 드러낸 순간이다.

더 나아가 리얼 스토리의 퍼실리테이터들은 회의 참가자들이 의사결정 과정에 참여해야 결론에 대한 주인의식을 갖게 된다는 기본 가정을 증명했다. 예를 들어 리얼 스토리 ❹에서 A고등학교의 윤성실 실장은 행정 실장으로서 자신이 가진 의사결정 권한을 과감히 포기함으로써 기숙사 사감들이 자신의 문제를 해결할 수 있는 아이디어를 스스로 도출하여 주말 사감이라는 결론에 도달할 수 있게 여건을 만들어주었다. 기숙사 사감들은 그 아이디어를 실행에 옮기는 과정에서 여러 가지 변수가 있었는데도 자신들의 아이디어를 관철하는 주인의식을 유감없이 발휘했다.

이런 기본 가정과 철학에 따라서 우리의 자랑스러운 퍼실리테이터들은 모든 회의 참가자들이 화기애애한 가운데 한 사람도 빠짐없이 적극적으로 참가하여 정해진 시간 내에 목표로 하는 결과물을 도출함으로써 회의가 추구하는 목적을 달성할 수 있게 조력하고 촉진했다.

2부

퍼실리테이션은
왜 필요한가

WHY

우리가 회의를 하는 이유

어느 조직이든 회의를 하는 이유는 다음의 세 가지 중 하나다.

정보 공유형 회의란 리얼 스토리 ❶에서 나왔던 주민자치회 김우석 회장이 진행했던 간담회처럼 어떤 단위 조직이 업무추진 현황 등을 공유하는 회의를 말한다.

아이디어 도출형 회의란 조직의 특정 구성원의 고충을 해결하기 위해 소수의 구성원이 모여 아이디어를 도출하는 회의를 말한다. 이때의 회의는 대개 일회성이며 회의 참가자들이 고충을 가진 특정 구성원을 위해 아이디어를 제공한다. 다만 그 아이디어의 실행 주체는 고충을 토로한 당사자가 되는 것이 일반적이다.

문제해결형 회의는 아이디어를 도출하고 끝내는 것이 아니라 도출된 아이디어를 실행에 옮기기 위한 실행 계획을 수립하고 구성원들이 역할을 분담하여 실행에 옮김으로써 실제로 해당 문제가 해결될 때까지 계속되는 회의를 말한다.

　이 세 가지 회의의 유형은 이론적인 관점에서 분류한 것일 뿐 현실에서는 두루 섞여 이루어지는 경우가 많다. 예를 들어 **리얼 스토리 ❹**에서 A고등학교 윤 실장이 초기에 진행했던 기숙사 사감과 조리사들과의 회의에서는 그동안의 경과에 관한 정보 공유가 일어났다. 노무사를 초청해 변경된 근로기준법에 관해 강의를 듣고 질의응답을 한 회의 또한 다분히 정보 공유형 회의의 특성을 갖는다. 하지만 주말 사감을 채용하는 방법에 관한 회의는 아이디어를 도출하는 회의라고 할 수 있으며, 이어서 모집 채널별로 홍보하기 위해 구성원이 역할을 분담하고 특정 시점까지 실행에 옮긴 후 다음 단계의 실행 계획을 협의했다면 문제해결형 회의를 했다고 볼 수 있다.

회의 유형별
퍼실리테이션의 필요성

정보 공유형 회의에서 퍼실리테이션이 필요한 이유

조직에서 구성원들이 정보 공유형 회의를 하는 목적은 무엇일까? 가장 궁극적인 목적은 얼라인먼트Alignment, 즉 구성원들이 하는 업무를 조직이 가고자 하는 방향으로 정렬하기 위해서라고 할 수 있다. 변동성, 불확실성, 복잡성, 모호성이 심한 오늘날, 조직이 지속 성장하기 위해서는 구성원 개개인이 보유한 자원을 한 방향으로 정렬하여 의사결정이 효과적으로 될 수 있도록 집중해야 한다.

가치관이나 신념은 물론 업무 성격, 개인적인 경험과 노하우 수준이 천차만별인 구성원들이 각자의 업무를 조직이 가고자 하는 방향으로 정렬하려면, 가장 먼저 필요한 조건이 '동일한 정보'이다. 이것이 모든 조직이 많은 시간과 비용을 들여 정보 공유형 회의를 하는 이유이다.

하지만 이토록 중요한 정보 공유형 회의가 실제 진행되고 있는 모습은 어떠한가? 현실에서 회의 모습을 보자면, 대개의 분위기는 경직되어있고 참여자들이 궁금한 사항보다는 팀장 등 회의 주관자가 일방적으로 안건을 전달하고 설명하는 식으로 진행된다. 회의 주관자가 회의 참석자들의 의견을 구하거나 질문을 받으려 할 때도 있지만, 모두가 회의가 빨리 끝나기를 바라는 듯 눈을 내리깔거나 핸드폰을 확인하거나 노트북을 두드리거나 경청하는 척 딴 생각하는 모습이 많을 것이다. 만약 여러분이 속한 조직의 회의가 이런 모습이라면 불행한 일이 아닐 수 없다. 이러한 문제는 개인 차원에서 끝나지 않기 때문이다.

팀장이 설명하고 팀원은 받아 적는 일방향의 정보 공유형 회의가 야기하는 문제는 크게 두 가지다.

첫째, 팀장(회의 주관자)이 제공하는 정보 중에서 팀원(회의 참가자)에게는 본인에게 유리한, 또는 본인이 필요하다고 생각하는 정보만 받아들이고 나머지는 흘려버리는 소위 '선택적 지각'이 야기된다.

회의가 끝난 후 팀원이 업무를 추진하고 그 결과를 팀장에게 보고했는데 팀장과 팀원 간에 "내가 언제 이렇게 하라고 했어? 제대로 이해하고 있는 거야?", "팀장님께서 지난 회의 때 분명 그렇게 말씀하셨습니다."와 같은 대화가 오간다면 선택적 지각에 의해 조직의 자원이 낭비되고 구성원 간의 갈등이 야기되고 있는 것이다.

둘째, 본인 업무에 해당하는 정보에만 주의를 기울이는 '선택적 지각'의 결과 협업할 기회를 놓친다.

조직의 리더들은 정보를 공유하는 회의를 함으로써 구성원들의 업무를 한 방향으로 정렬하고자 하지만, 일방향으로 흐른 회의는 구성원의 '선택적 지각'을 유발하고 그 결과 각자 업무를 추진할 때 다른 팀, 다른 부서와 협업을 한다면 훨씬 더 시너지를 낼 수 있는 기회를 놓치게 한다. 같은 일을 여러 부서가 반복적으로 하느라 아까운 시간과 비용, 인력을 낭비하고 있는 것은 일방향으로 흐른 회의 탓일 가능성이 크다.

그렇다면 아무나 퍼실리테이터 역할을 하여 회의를 진행하면 위 두 가지 문제를 해결하고 목적을 달성할 수 있을까?

이 질문에 대한 답은 짐작했겠지만 "NO"이다. 다만 **리얼 스토리 ❶**에 나온 명민한 퍼실리테이터나 **리얼 스토리 ❹**의 윤 실장처럼 퍼실리테이션의 원칙과 방법을 최대한 실행에 옮기고자 노력하는 퍼실리테이터가 회의를 진행한다면 그렇지 않은 경우보다 훨씬 나아질 것이다.

예를 들어 명민한 퍼실리테이터가 진행했던 주민자치회 간담회에서 자치위원 중 누군가가 주민자치회의 사업 취지를 100% 이해할 수 없었다면 그는 명민한 퍼실리테이터의 촉진 활동에 힘입어, 즉 간담회 유인물을 읽고 궁금한 점을 포스트잇에 메모해 두었다가 옆 사람과 이야기해본 다음 이해가 되지 않는 부분이 있으면 질문해달라고 했던 진행 방식에 따라 행동했을 것이므로 주민자치회의 사업 방향을 더욱 정확하게 이해할 수 있을 것이다. 즉 우리가 이 책에서 설명하고자 하는 간단한 퍼실리테이션 방식으로도 구성원의 참여를 이끌어내어 모든 구성원을 한 방향으로 정렬할 수 있는 것이다.

아이디어 도출형 회의에서 퍼실리테이션이 필요한 이유

조직의 리더들이 구성원들을 한자리에 모아 아이디어를 도출하기 위한 회의를 열 때 그들이 바라는바, 즉 궁극적 목적은 무엇일까? 언뜻 보기에 아이디어 도출형 회의가 지향하는 바는 '어떤 문제를 가진 조직 구성원에게 참신한 아이디어를 제공하기 위함'일 것이다.

자, 이제 조금만 더 자세히 들여다보자. 조직 또는 조직 구성원이 가진 문제를 해결하기 위한 아이디어가 갖추어야 할 조건은 무엇일까? 아이디어가 아이디어이기 위해서는 다음의 두 조건을 충족시킬 수 있어야 한다.

첫째, 아이디어를 실행에 옮기고 나면 문제가 완벽하게 해결되어야 한다.

품질 불량, 시장 점유율 감소, 고객 불만 증가 등 문제를 이미 아는 경우 다시는 그 문제가 재발하지 않아야 하며, 특정 고객사로부터 더 많은 주문을 받아야 하거나 경단녀 취업 지원 프로그램의 참가자 모집 방안 등 문제 자체가 미래를 대비하는 성격이라면 회의를 통해 도출된 아이디어 덕분에 주문이 늘어나거나 참가자를 예상보다 더 많이 모집할 수 있어야 한다. 즉 문제를 완전히 해결할 수 있는 아이디어를 얻으려는 것이 아이디어 도출 회의의 궁극적 목적이다. 아이디어 도출 회의에서 도출된 아이디어가 품질은 높였지만 비용이 증가한다든지, 고객 불만은 감소시켰는데 직원의 근무 시간이 늘어난다든지, 즉 해당 문제의 일부 측면만을 해결했거나 일시적으로 문제가 해결되는 듯하다가 더 큰 문제를 발생시킨다면 그 아이디어 도출 회의는 회의의 궁극적 목적을 달성했다고 볼 수 없다.

둘째, 아이디어 도출형 회의에서 도출된 아이디어는 전사적 관점에서 바람직한 아이디어여야 한다.

영업1팀의 실적에는 도움이 되지만 영업2팀에게는 잠재적인 손해를 초래할 수 있는 아이디어는 영업1팀 팀장에게는 바람직할지 모르지만 회사 입장에서는 환영할 수 없는 아이디어이다. 생산 실적을 올리는 데는 도움이 되지만 회사의 전체 손익에는 도움이 되지 않는 아이디어, R&D 부서의 기술력을 보여주는 데는 좋지만 해당 제품의 매출을 올리는 데는 전혀 도움이 되지 않는 아이디어, 본사의 마케팅 부서에서는 열광했지만 현장에서 매일 분투하는 영업사원들은 불만을 터트리는 아이디어는 조직 또는 조직 구성원이 가진 문제를 해결하는 아이디어라고 할 수 없다.

그렇다면 우리는 왜 회의를 통해 위 두 가지 조건을 충족시키는 아이디어를 도출하지 못하는 걸까?

통상적으로 경험하고 있는 아이디어 도출을 위한 회의의 모습을 떠올려보자. 혹시 목소리 큰 참여자가 자신의 의견을 장황하게 설명하는 동안 나머지 사람들은 입을 꾹 다물고 있는 것은 아닌가? 어쩌다 가물에 콩 나듯 누군가가 아이디어를 내면 '그 아이디어 좋네. 네가 맡아서 해봐.' 하는 식으로 덤터기를 씌우지는 않는가?

자, 이 대목에서 앞에서 했던 질문을 다시 한번 던져보자. "아무나 퍼실리테이터 역할을 맡아 회의를 진행하면 전사적 관점에서 해당 문제를 완벽하게 해결할 수 있는 아이디어가 도출될 것인가?" 이 질문에 우리가 아무리 'Yes'라고 한들 아마도 여러분은 믿지 않을 것이다. 하지만 여기서 말하는 퍼실리테이터가 우리가 이 책에서 설명하고자 하는 퍼실리테이션 철학으로 무장하고 단순하지만 강력한 방법과 도구를 적재적소에 활용할 수 있다면 성공적인 아이디어 도출 회의가 아주 불가능하지는 않다고 조심스레 말하고 싶다.

실제로 **리얼 스토리❷**에서 영업2팀의 김 팀장은 비록 초보였지만 퍼실리테이터형 리더 양성 과정에서 배운 대로 실천하려고 노력했다. 김 팀장은 퍼실리테이터가 손쉽게 사용하는 포스트잇을 나누어주고 "이 차장의 진짜 문제가 무엇일까?"라는 질문을 던졌다. 팀원 다섯 명이 각자 자신의 관점에서 이 차장의 문제를 찾으려고 노력했고 이 차장은 다섯 장의 포스트잇 중 두 장에 적힌 의견을 합쳐서 자신의 진짜 문제를 명확하게 찾아내는 개가를 올렸다. 김 팀장은 퍼실리테이터로서 이 차장이 종합적인 관점에서 보다 근본적인 문제를 찾아낼 수 있도록 조력하고 촉진한 것이다.

물론 초보 퍼실리테이터인 김 팀장이 진행한 이 회의는 아이디어를 도출하는 데까지 가지는 못했지만 다음 회의에서 그들은 이 차장의 진짜 문제를 찾았던 그 방식으로 근본적인 해결책을 찾아낼 수 있을 것이다. 그리고 만약 김 팀장이 내공을 더 쌓아서 영업본부장으로 승진한다면 그리고 영업1팀부터 영업4팀까지의 팀장들과 회사 영업 전략을 수립하는 회의를 주재한다면 각 팀의 관점에서가 아니라 본부의 관점에서 혹은 전사 관점에서 최적화된 전략을 도출할 수 있으리라 상상해볼 수 있다.

문제해결형 회의에서 퍼실리테이션이 필요한 이유

조직 또는 리더들이 문제해결을 위한 회의를 하는 궁극적인 목적은 무엇일까? 리더가 각 구성원이 해야 할 세부 업무와 추진 방법을 정해서 지시를 내려도 될 텐데, 왜 굳이 시간을 할애하여 사람들을 불러 모아 회의를 하는 걸까?

리더가 문제해결형 회의를 여는 궁극적인 목적은 문제해결을 위한 아이디어를 실행에 옮겨서 목적하는 바를 성취하고 싶기 때문일 것이다. 즉 아이디어 도출형 회의에서 전사적인 관점에서 문제를 완벽하게 해결할 수 있는 아이디어가 나왔다 하더라도 이를 실행에 옮기지 않으면 그때까지의 노력이 헛수고가 되는 것이기 때문에 아이디어가 실행될 때까지 리더들은 긴장을 늦출 수가 없는 것이다.

그렇다면 아이디어가 실행에 옮겨지는 가장 이상적인 상태는 어떤 모습일까? 그런 모습이 실현되려면 구성원들이 아이디어의 의도대로 실행하고, 실행 과정에서 이런저런 난관에 부딪히더라도 포기해서는 안 되며, 아이디어 도출 단계와 다른 상황이 벌어졌거나 여건이 변화되었을 때 아이디어의 의도는 살리되 목적을 달성하는 방법은 변화된 여건에 맞도록 유연성을 발휘해야 한다. 한마디로 아이디어를 실행에 옮기는 모든 구성원이 그 일을 자기 일처럼 해야 한다.

이런 상태를 만들려면 어떤 조건이 필요할까? 상식적인 이야기일지도 모르지만 그러기 위해서는 무엇보다 실행 주체들이 아이디어의 의도와 맥락을 정확하게 이해해야 한다. 기획 단계에서는 참신했던 아이디어이고, 이를 실행에 옮기기 위한 업무처리 절차와 규정을 잘 만들었는데도 일선의 업무 담당자가 의도와 맥락을 이해하지 못하고 절차와 규정에 얽매인 나머지 아이디어의 취지와 의도를 반영하지 못한다면 아이디어 도출 단계, 즉 기획 단계에서 의도했던 목적은 달성할 수 없다. 실행을 책임지는 담당자들이 해당 아이디어에 대해 주인의식을 가져야만 난관을 헤쳐 나갈 수 있고, 변화된 현실에 맞는 적절한 방법을 강구함으로써 의도했던 목적을 달성할 수 있다.

이제 독자 여러분이 드디어 문제해결형 회의에 퍼실리테이션이 왜 필요한가를 이해했으리라 믿는다. 즉 구성원들이 문제해결을 위한 아이디어를 내고 해결을 위한 구체적 실행 방안을 수립하는 과정에 한 명도 빠짐없이 적극적으로 참여하고 리더의 강제가 아니라 자율적으로 결정할 수 있어야만 리더들이 원하는 아이디어의 '실행'이 가능해질 수 있는데, 바로 그 '전원 참여'와 '자율 결정'을 촉진하는 행동이 퍼실리테이션이다.

문제해결형 회의에서 퍼실리테이션이 필요한 이유를 단계별로 표현하면 오른쪽 도표와 같다. 이 4단계를 **리얼 스토리 ❹**에서 A고등학교의 갈등을 해결한 윤 실장 이야기에 대입해보면 이해하기가 좀 더 쉬울 것이다. 윤 실장은 주말 사감이라는 아이디어를 직접 내지 않았다. 정보 공유와 아이디어 도출 단계에서 참여자들이 적극적으로 참여할 수 있는 분위기를 만들었고 무엇보다도 그들과의 신뢰 관계를 구축하는 데 열의를 다했다. 그 결과 기숙사 사감들은 자율적으로 주말 사감이라는 아이디어를 도출해냈다. 이들은 그 과정에서 왜 주말 사감이 필요한지를, 즉 아이디어의 의도와 맥락을 이해했고 그들이 직접 낸 아이디어였기 때문에 아이디어에 대해 강한 애착(주인의식)이 있었다. 의도

문제해결형 회의에서의 퍼실리테이션 단계

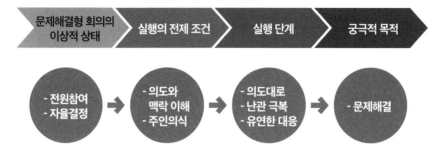

와 맥락에 대한 이해와 주인의식이 있었기 때문에 그들은 실행 단계에서의 상황 변화에 유연하게 대처했다. 예를 들어 두 명만 채용하려던 원래 계획을 변경해서 지원한 네 명 모두를 채용하는 '운용의 묘'를 살렸다. 그리고 그들은 그들의 궁극적 목적을 달성했다.

만약 윤 실장이 퍼실리테이터 역할을 하지 않고 그들에게 주말 사감으로 대학생 알바를 채용하자고 했다면 어떤 일이 벌어졌을까? 현명한 독자의 상상에 맡기도록 하겠다.

망원경

퍼실리테이션의 필요성에 대한
해외 전문가들의 견해

오스트레일리아 퍼트시의 커틴기술대학교Curtin University of Technology 경영대학
에서 인적자원개발 전공 교수로 13년간 재직한 크리스틴 호건Christine Hogan
교수는 네팔, 몽고, 말레이시아, 라오스 등의 나라에서 인적자원개발, 조직
개발, 지역사회개발 분야에서 활약한 퍼실리테이터이다. 그녀는 《Under-
standing Facilitation》라는 책을 통해 네 가지 관점에서 퍼실리테이션에
대한 관심과 요구가 급증했다고 설명한다.[1]

 1. 사회 전반적으로 민주주의와 더불어 시민의 의사결정에의 참여 요구
    가 증가했다.
시민들은 그들의 삶에 영향을 미치는 정치적 의사결정에 적극적으로 참여
하기를 원한다. 이러한 경향에 발맞추어 대학생들은 학교 당국과 교수들의
의사결정에 참여하기를, 환자들은 치료에 관한 병원과 의사들의 의사결정
에, 자녀들은 자신의 인생과 행복에 영향을 미치는 부모의 의사결정에 자신
의 목소리가 반영되길 원하기 시작했다.

 2. 지역 사회 주민들이 이슈와 갈등을 해결하는 과정에 퍼실리테이터가 필
    요한 상황이 급증했다.
예를 들어 학교에서 빈번하게 발생하는 '학교 폭력'에 대한 대응 방안을 모
색하기 위해 학생, 학부모, 교사, 학교 운영 이사회, 학교, 이웃 주민, 자원봉

사자, 경찰이 모여 회의하는 경우, 서로 다른 관점과 이해관계를 매끄럽게 조정하고 합의할 수 있는 과정을 효과적으로 도와줄 누군가가 절실하게 필요했다. 화학이나 공학을 전공한 지방자치단체의 공무원이 환경오염 감소에 관한 법률이나 조례 제정을 요구하는 다양한 NGO 관계자들과 의사소통하는 과정에서도 과거처럼 전문가적 관점에서 일방적으로 정보를 제공하거나 관료적인 태도로 연설하기보다는 다양한 이해관계를 조정하는 퍼실리테이션 스킬을 발휘해야 하는 현실에 직면했다.

3. 지식 근로자가 등장함에 따라 퍼실리테이션의 중요성이 대두되었다.

호건 교수는 기업 차원에서 퍼실리테이션이 필요해진 이유를 설명하기 위해 '지식 근로자'라는 용어를 사용했다. 즉 '지식 근로'는 전통적인 명령의 위계chain of command에 의해 관리될 수 없으며 오늘날 모든 산업 분야의 주역으로 떠오르고 있는 지식 근로자들은 자신의 직무에 대해 전문성을 가지고 있을 뿐만 아니라 다른 업무 영역을 넘나드는 지식을 가지고 있기 때문에 이들의 의사결정과 그 실행을 효과적으로 통합하고 조정하려면 필수적으로 퍼실리테이션이 필요하다는 것이다.

다음으로 캘리포니아 대학교 버클리 캠퍼스의 공공정책학과 교수로서 빌 클린턴과 버락 오바마 정부에서 각각 노동 정책과 경제 정책 분야의 대통령 자문역을 지낸 로버트 리치의 연구를 인용하면서 서로 다른 집단에 속하는 근로자들의 창의성과 시너지를 극대화하는 이른바 '집단적 기업가 정신collective entrepreneurship'이야말로 모든 기업의 생존과 지속 성장에 필수 요건임을 강조했다. 리치 교수는 그의 저서에서[2] 집단적 기업가 정신의 특성으로 개인별 기술을 통합하여 집단의 기술로 활용하는 능력, 집단적 혁신 역량,

모든 생산 공정 근로자들 간의 긴밀한 협업 역량, 기업 내부 직원과 고객 간의 협업 역량, 그리고 수평적 조직 구조 등을 들었다. 이러한 집단적 기업가 정신을 활용하기 위해 오늘날 거의 모든 기업은 횡단 기능 조직, 자율 운영 팀, 품질 분임조 등 집단 의사결정과 집단적 문제해결을 효과적으로 실행할 수 있는 여러 가지 조직 형태를 운영하고 있으며 이러한 조직을 운영하려면 퍼실리테이션 역량이 필요하다.

4. 인터넷의 등장에서 퍼실리테이션의 필요성을 찾고 있다.

기술의 발전에 따라 소수의 전문가가 독점하고 있었던 '지혜로 통하는 문의 열쇠keys to wisdom'가 더 이상 그들의 전유물이 아니게 되었다. 특히 인터넷을 통한 문헌 검색이 전에는 상상할 수 없을 정도로 광범위하고 손쉽게 이루어짐에 따라 학생 주도 학습 또한 가능해졌다. 이에 따라 교수자의 역할이 과거의 독점적 지식 공급자로부터 퍼실리테이터, 가이드, 동기 부여자의 그것으로 전환되었다.[3]

분야별로 살펴보는
퍼실리테이션의 필요성

크리스틴 호건 교수의 설명을 토대로 네 가지 분야(사회 전반, 지역 사회, 기업, 교육)에서 퍼실리테이션의 필요성과 그 증가 경향을 또 다른 전문가의 연구 결과를 토대로 좀 더 살펴보도록 하자.

사회 전반

많은 전문가의 의견 중에서 꼭 소개하고 싶은 것은 뉴질랜드에서 퍼실리테이터로 활발히 활동하면서 《The Facilitation of Groups》를 쓴 데일 헌터Dale Hunter와 앤 베일리Anne Bailey, 그리고 빌 테일러Bill Taylor의 주장이다.

그들은 민주주의가 퍼실리테이션의 등장에 기여한 것은 사실이지만 퍼실리테이션이 더욱 중요해지고 있는 이유는 바로 그 민주주의가 갖고 있는 한계 때문이라고 지적한다. 민주주의는 기본적으로 구성원 간에 협력을 해야 하지만 협력과 타협, 그리고 이를 통한 보다 나은 대안의 창출이 불가능하거나 어려운 상황이 되면 바로 다수결 투표라는 손쉬운 방법을 택하게 된다는 것이다. 그들은 투표라는 민주주의의 기본적 합의 도출 방법이야말로 (투표에서) 이긴 진영과 진 진영을 양분해서 갈등을 고착화하기 때문에 오히려 고차원적인 협업 사회로 나아가려면 극복해야 할 중요한 장애물이라고 보았다.

그들은 산업혁명 이후 전제주의autocracy에서 민주주의democracy로 진화했던 것처럼 우리 사회가 앞으로 나아가야 할 방향은 '협력'이라고 역설하면서 이를 표현하기 위한 신조어, 즉 협력주의co-operacy라는 단어를 제안했다.[4]

산업혁명 이후 사회의 변화 흐름

이들은 사회 전체가 민주주의보다 성숙한 사회로 진입하려면 투표보다 정교한 합의 형성의 기술이 필요하며 그것이 바로 퍼실리테이션 기술이라고 주장했다. 퍼실리테이션은 다양한 집단이 가진 대립적인 (혹은 대립적으로 보이는) 의견을 조합하여 새로운 대안을 창조하는 기술이며, 이것이야말로 21세기를 위한 새로운 에너지원이라는 것이다.[5]

지역 사회

　　지역 사회에서 퍼실리테이션의 중요성을 설득력 있게 설명한 전문가로는 제임스 트록슬James P. Troxel을 들 수 있다. 시카고에 위치한 밀레니아 컨설팅의 대표이자 국제 퍼실리테이터 협회의 창립 멤버인 그는 30여 년간 지역 사회 개발과 조직개발 분야에서 다양한 성공 경험을 쌓았다.

　　그는 지역 사회 개발 전문가(또는 조직 개발 전문가)들이 결핍 기반 모델 또는 잠재력 기반 모델이라는 서로 다른 두 가지 모델을 토대로 지역 사회(또는 조직)를 변화하고자 노력하고 있다고 기술했다.[6] 그의 설명을 토대로 상반되는 두 모델을 요약하면 아래의 표와 같다.

[표 01] 결핍 기반 모델과 잠재력 기반 모델

결핍 기반 모델 (deficiency-based Model)	잠재력 기반 모델 (potency-based model)
- 문제 중심 컨설팅	- 사람 중심 컨설팅
- 전문가의 내용 컨설팅	- 프로세스 컨설팅
- "컵 절반이 비어 있다."	- "컵의 절반이 채워져 있다."

　　표에서 보는 바와 같이 결핍 기반 모델로 일하는 컨설턴트는 컨설팅 대상인 특정 지역 사회가 '문제'를 갖고 있고 지역 사회 구성원들은 그 문제를 해결할 능력도 의지도 없는 사람들이기 때문에 내용 전문가인 컨설턴트가 전문지식과 경험을 토대로 그 문제에 대한 해결 방안을 제공해야 한다고 (또는 제공할 수 있다고) 믿는다.

　　반면 잠재력 기반 모델을 지향하는 컨설턴트는 지역 사회 구성원들이 자신들의 문제를 컨설턴트보다 잘 알고 있고 그 문제를 해결할 충분한 능력과 의지를 갖고 있으므로 컨설턴트가 문제해결의 프로세스를 효과적으로 안내하기만 하면 그들 스스로 적절한 해결 방안을 찾아낼 수 있으며 그렇게 모색한 해결 방안이 더욱 강력하게 추진될 수 있다고 믿는다.

이러한 차이는 컨설턴트의 실제 작업 추진 방식과 프로세스에도 영향을 미친다. 예를 들어 지역 사회 개발 과정에서 자주 사용되는 SWOT_{Strength, Weakness, Opportunity, Threat} 분석을 실시할 때 결핍 기반 모델을 지향하는 컨설턴트는 해당 조직 또는 지역 사회의 주요 이해관계자와 외부 인사들을 순차적으로 인터뷰한 다음 그 결과를 참고하여 자신의 전문지식을 바탕으로 해당 지역 사회 또는 조직이 나아가야 할 방향에 관한 컨설팅 보고서를 작성한다. 또한 인터뷰가 끝난 지역 사회 구성원과 외부 인사들은 그냥 자신의 일상으로 돌아간다.

반면 잠재력 기반 모델을 지향하는 컨설턴트는 지역 사회 전반에 걸쳐 다양한 구성원과 함께 워크숍을 통하여 SWOT 분석을 실시한 다음 그 결과를 함께 분석하고 분석 결과를 토대로 하여 지역 사회가 실행에 옮길 대안을 모색한다. 구성원들은 SWOT 분석에서부터 실행방안 수립에 이르기까지의 모든 과정에 적극적으로 참여하여 해결 방안을 도출했기 때문에 그 방안의 실행에도 강한 애착과 의지를 갖는다. 따라서 지역 사회 개발 프로그램의 효과성을 극대화할 방법은 잠재력 기반 모델이라는 것이 트록슬의 주장이다.[7] 트록슬의 말을 그대로 인용하면 "컨설턴트로서 내 경험에 의하면 그 누구도 다른 사람이 수립한 계획의 실천을 위해 혼신의 힘을 다하지 않는다."[8]

결론적으로 트롤슬은 잠재력 기반 모델이 결핍 기반 모델보다 효과적이며 바로 그 이유로 더 많은 컨설턴트가 잠재력 기반 모델을 채택하고 있다고 말한다. 그리고 잠재력 기반 모델에 입각한 컨설팅 프로젝트를 진행할 때 컨설턴트들이 내용 전문성과 더불어 (또는 내용 전문성보다 더 중요하게) 갖추어야 할 노하우가 프로세스 전문성, 즉 퍼실리테이션 스킬이라는 것이다.[9]

단위 조직

조직 내에 존재하는 팀, 과, 실, 부, 본부 등의 단위 조직에서 퍼실리테이션이 중요해지고 있는 현상을 간결하고 명확하게 설명한 전문가로는 마이클 도일Michael Doyle과 데이비드 스트라우스David Straus를 들 수 있다. 이 두 사람은 단위 조직의 리더가 자신이 주관하는 회의에서 의견을 개진하는 역할과 회의를 진행하는 역할을 동시에 수행할 때 문제가 발생할 수 있다고 말한다.[10] 그들은 리더가 회의를 진행할 때 나타나는 부작용을 두 가지 측면에서 고찰했다.

첫째, 리더는 위에서 설명한 두 가지 역할을 동시에 진행해야 하므로 역할 과부하를 경험하게 되고, 보다 심각하게는 회의 내용에 집중해야 할지, 회의 프로세스를 최적화해야 할지 결정하기 힘든 상황에 놓임으로써 두 마리 토끼를 다 놓칠 수 있다.

리더의 역할 분리

[전통적 리더 또는 좌장]   [리더 또는 좌장]   [퍼실리테이터]

둘째, 회의 참가자들은 리더보다 낮은 지위의 구성원들이므로 회의 안건에 관한 의견을 개진할 때 리더의 의견에 영향을 받게 되고 결과적으로는 리더와 비슷한 의견을 개진하거나 다른 의견을 내는 것이 불필요하다고 느껴 침묵하게 된다.

이런 구조에서는 리더가 회의를 개최했을 때 추구했던 목적, 예를 들어 특정 사안에 대한 다양한 시각과 의견을 듣거나 창의적인 아이디어를 창출하거나 이들의 의견과 아이디어를 토대로 특정 문제에 대한 보다 종합적인 해결 방안을 도출하고자 했던 목적을 달성하기가 어려워진다. 이러한 이유에서 도일과 스트라우스는 전통적인 회의에서는 분리되어있지 않던 리더의 두 역할, 즉 결정 권한의 행사와 회의 진행자 역할을 분리하여 진행자 역할을 퍼실리테이터에게 넘겨주어야 한다고 역설했다.

전통적 미팅에서 리더가 수행하던 두 역할을 분리하여 회의의 효과적인 진행을 퍼실리테이터에게 위임할 경우 회의 참가자들의 다양한 아이디어가 의사결정 과정에 보다 원활하게 반영될 수 있으며 그 결과 조직의 창의성과 생산성이 제고된다는 것이다.[11]

크리스틴 호건 교수는 도일과 스트라우스의 이 같은 주장을 인용하면서 바로 이러한 이유로 세계적으로 많은 기업과 공공기관, NGO 등에서 퍼실리테이션 스킬에 대한 수요가 증가하고 있다고 설명했다.[12]

교육 분야

대학생을 포함한 성인 교육 분야에서 퍼실리테이션의 중요성이 증가하고 있는 이유를 명쾌하게 설명한 학자는 말콤 노울스Malcolm Knowles와 데이비브 콜브Divid Kolb이다.[13]

먼저, 보스턴 대학교 성인 학습 전공 교수였던 노울스는 어린 학생을 가르치는 것과 성인을 가르치는 것은 여러 측면에서 다르다면서 전자를 '페다고지pedagogy(어린이 교육학)' 후자를 '안드라고지andragogy(성인 교육학)'라는 개념으로 소개했다. 노울스의 이론에 따르면 성인은 어린이보다 덜 의존적이고 자기주도 학습을 선호한다. 또한 성인은 경험이 풍부하기 때문에 그가 가진 자기개념self-concept과 학습 과정에서 쌓은 다양한 경험이 밀접하게 연관되어있다. 더 나아가서 어린이는 미래에 언젠가는 유용하게 쓰일 수도 있는 기술과 지식을 쉽게 받아들이지만, 성인은 지금 당장 자신의 문제를 해결하는 데 활용될 수 있는 내용을 배우고자 하는 경향이 강하다. 이러한 이유에서 노울스는 성인 교육에서는 권위와 형식을 최소화하고 상호 존중의 학습 분위기를 조성해야 하며, 경험 학습의 기회를 제공해야 한다고 주장했다.[14] 아래의 표는 페다고지와 안드라고지를 비교한 것이다.

[표 02] 페다고지와 안드라고지

페다고지(어린이 교육학)	안드라고지(성인 교육학)
- 학습 내용과 과정에 관한 책임이 선생님과 학교 당국에 있음 - 학습자는 수동적이고 의존적이라고 전제함 - 어린 학생들의 경험은 유용하지 않은 것으로 간주함 - 주제에 대한 인위적 학습을 중시함 - 학습 성과를 타인이 평가함	- 학습자는 독립적이고 책임감이 강한 것으로 전제함 - 학습자는 자신이 학습하기를 원하는 것이 무엇인지 알고 있다고 가정함 - 학습자가 꼭 알아야 할 필요가 있는 내용에 관한 문제 중심 학습을 좋아한다고 전제함 - 학습자의 경험을 존중함 - 다양한 분야의 지식을 응용하는 경험 학습을 중시함 - 학습 목표, 과제, 평가 방법의 결정에 학습자를 참여시킴

출처 : Christine Hogan, Understanding Facilitation : Theory&Principles, 2009, p.143

성인 학습자의 특성을 염두에 두고 성인 학습자의 학습 효과를 극대화하려면 교수자가 무엇인가를 가르치는 역할이 아닌 그들 안에 들어있는 다양한 경험과 지식, 노하우, 통찰력 등을 이끌어내는 역할, 즉 퍼실리테이터의 역할을 수행해야 한다는 것이 많은 전문가의 일치된 견

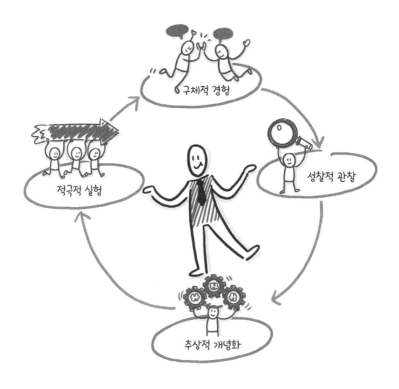

구체적 경험

성찰적 관찰

적극적 실험

추상적 개념화

해이다. 특히 케이스 웨스턴 리저브 대학교Case Western Reserve University의 조직행동 전공 교수였으며 경험 학습 모델과 학습 스타일 진단 도구 개발로 유명한 경험 학습 전문가 데이비드 콜브는 '경험 학습 모델'을 제시하고 경험 학습이 보다 효과적으로 일어나려면 교수자가 퍼실리테이터 역할을 수행해야 한다고 주장했다.[15]

위 그림은 콜브의 경험 학습 모델을 간단히 표현한 것이다. 호건 교수의 주장에 의하면 개인은 누구나 본능적으로 경험을 통해 학습한다.

만약 그렇지 않다면 많은 사람이 어린 시절에 이미 세상을 떠났을 것이다. 다만 어린 시절에는 본능적으로 학습하긴 하지만 혼자 힘으로 학습하기보다 부모나 다른 어른들의 도움을 받아서 학습하는 경우가 더 일반적이다. 호건 교수는 이와 마찬가지로 그룹 구성원들도 경험을 통해 본능적으로 학습하기는 하지만 어린 시절 부모나 보호자의 도움을 통해 더 효과적으로 학습하는 것처럼 그룹 구성원들의 경험 학습을 촉진하기 위한 프로세스 전문가, 즉 퍼실리테이터의 역할이 중요하다는 점을 강조하고 있다.[16]

지금까지 살펴본 사회 전반, 지역 사회, 단위 조직, 그리고 교육 분야에서 퍼실리테이션의 중요성에 관한 전문가들의 연구 결과를 요약하면 다음과 같다.

[표 03] 부문별 퍼실리테이션 관련 패러다임의 변화

구분	과거(+현재)의 패러다임	현재(+미래)의 패러다임
사회 전반	- 전제주의 - 민주주의	- 민주주의 - 협력주의
지역 사회	- 결핍 기반 - 전문가(전문 지식 중심) 컨설팅	- 인간 기반(잠재력 기반) - 과정 중심 컨설팅
단위 조직	- 내용 전문가로서의 리더	- 촉진자로서의 리더
교육 분야	- 어린이 교육학	- 성인 교육학

표에서 보는 바와 같이 퍼실리테이션의 중요성이 커지는 현상은 단순한 유행이나 우연의 일치라기보다는 '모든 사람'의 의견과 경험, 지

식과 노하우를 존중함으로써 국가, 지역 사회, 조직, 그리고 교육 현장을 보다 효과적으로 변화시키고자 하는 시대적 요청에서 생겨난 지극히 필연적인 현상이라 할 수 있다.

퍼실리테이션의 효과는
어떻게 나타나는가

앞서 우리는 외국의 학자들과 실무 전문가들이 주장하는 퍼실리테이션의 필요성을 사회 전반, 지역 사회, 기업/조직, 그리고 학교 (교육) 현장 차원에서 살펴보았다.

그렇다면 이들이 주장하는 퍼실리테이션이 우리나라에도 필요한가? 실제로 우리나라의 지역 사회 개발이나 기업/조직, 학교 현장에서 퍼실리테이션 스킬을 적용하면 해외 전문가들이 주장하는 효과가 나타날까?

눈치가 빠른 독자라면 이미 1부에서 기술한 다섯 개의 리얼 스토리가 해외 전문가들이 설파한 퍼실리테이션의 필요성과 퍼실리테이터가 제대로(!) 역량을 발휘했을 때 나타나는 효과를 설명한 것임을 간파했으리라 믿는다. 그리고 그 스토리들이 우리 네 사람의 실제 경험을 토대로 하고 있다는 것도 어림짐작했을 것이다.

그럼에도 우리는 이 단원에서 우리 네 사람의 찐한 경험 중 일부를 낱낱이 보여주고자 한다. 우리 네 사람은 현장에서 어떤 경험을 했길래 퍼실리테이션이라는 쉽지 않은 주제에 대해 '책'을 쓰기로 결심했는가? 퍼실리테이션의 경험이 어떻게 해서 우리 네 사람의 인생관과 세계관을 송두리째 바꾸어놓았는가? 퍼실리테이션의 경험이 얼마나 유용했기에 이 분야에 직업 인생을 걸기로 하고 십수 년 동안 이 일에만 매진하고 있는가?

우리의 이야기가 여러분이 처한 상황에서 퍼실리테이션의 필요성과 진정한 가치를 제대로 이해하는 데 도움이 되길 바라는 마음에서 독자 여러분이 궁금해할 이 질문들에 대해 우리의 경험을 진술하게 풀어보고자 한다.

부천시 주민자치 교육 현장

2016년부터 2018년까지 3년 동안 매년 경기도 부천시에서 진행했던 주민자치 교육 프로그램에 우리 중 두 사람이 퍼실리테이터로 참여했다.

지방자치가 제대로 뿌리내리려면 지역 사회와 공동체를 구성하는 시민들의 역량 향상이 중요하다. 그래서 시민 역량 향상을 위한 다양한 교육이 이루어진다. 하지만 통상적으로 그 교육들은 교수자가 지방자치의 역사, 법령, 주민자치 시대 시민의 역할 등을 일방적으로 전달하는 방식으로 시행되었던 것이 사실이다. 교육 실적이 중요하다 보니 교육을 기획하는 사람들은 짧은 시간 내에 많은 사람이 들을 수 있는 특강 위주의 강의를 편성하고, 참여하는 사람들 역시 출석 확인만 하고는 갖은 핑계로 교육에서 이탈하는 악순환을 반복하고 있었다.

퍼실리테이터로서 우리가 주민자치 위원들을 대상으로 교육을 기획하면서 고민했던 점은 바로 이 악순환의 고리를 끊어내는 것이었다. 교육은 철저하게 교수자 중심이 아닌 학습자 중심으로 진행되도록 원칙을 세웠고, 지역 사회의 문제를 교육 참여자가 함께 고민하고 해결해가는 과정에서 의미 있는 학습 경험이 일어나도록 프로그램을 설계했다.

퍼실리테이터였던 우리는 당시 부천시 교육 담당자와 다음과 같은 가치를 공유했다.

"의미 있는 여정을 함께합시다. 주민자치 교육의 패러다임을 바꿔봅시다. 주민자치 위원들도 지역 사회를 위해 고민하고 싶은 선한 의지를 갖추고 있음을 믿읍시다. 그들이 스스로 성찰하고 배울 수 있음을 확신하고 도웁시다. 우리는 가르치는 사람이 아니라 그들을 돕고 촉진하는 역할을 합시다."

실패해도 좋으니 의미 있는 시도를 주저하지 않기로 의기투합한 것이다. 그것이 이 프로젝트의 시작이다.

교육은 차시당 3시간씩 총 10차시로 진행되었다. 2시간짜리 특강 교육에 익숙했던 주민자치 위원들을 대상으로 30시간의 교육 시간을 배정한다는 것은 모험이었다. 교육 내용은 지역 사회 문제를 주민자치 위원들이 함께 고민해가는 과정에서 의사소통 역량과 더불어 지역 사회 문제해결 역량을 체득하도록 디자인했다. 학습자들은 30시간의 교육 시간 동안 효율적으로 소통하고 토론하는 방법, 지역 사회 문제를 시민과 함께 의제로 만들어가는 방법, 현장에서 해결 방안을 찾고 해결 방안을 검증하는 방법을 학습했다. 모든 과정은 학습자가 중심이 되었고, 교수자는 퍼실리테이터로서 그들이 지역 문제를 해결해가는 과정에서 제대로 된 소통을 할 수 있도록 촉진하는 역할에 집중했다.

퍼실리테이터로서 과정을 설계하고 운영하면서 세웠던 원칙은 다음의 세 가지로 압축할 수 있다.

- 가르치는 사람이 아니라 촉진하는 사람으로서 역할을 하자.
- 주민자치 위원들의 선한 의지를 믿자. 그들은 지역을 위해 자신의 시간을 기꺼운 마음으로 투자한 사람들이다.
- 지역 사회 문제해결 과정에서 의미 있는 학습이 일어날 수 있도록 성찰을 통해 촉진하자.

3년에 걸쳐 진행된 부천시 주민자치 교육의 성과를 돌아보고자 그간의 교육에 참여했던 87명 중 22명을 심층 인터뷰하여 교육 성과에 대해 듣는 시간을 마련했다.[17]

"약대 오거리 교통사고 문제를 해결하기 위해서 현장을 발로 뛰었어요. 여러 시민에게 불편한 점을 묻고, 동장님과 함께 현장에 방문하고, 함께 대안을 찾아보았지요. 그러던 중 오거리에서 신호를 대기하고 있는 차량의 운전자가 신호가 바뀌는 순간 옆 차선의 신호와 혼동한다는 것을 발견하고 이를 해결하기 위한 방법을 고민했습니다. 지금은 도로에서 사고 난 차량의 상태를 표시하는 하얀색 페인트를 거의 볼 수 없어요. 문제를 해결한 거지요. 과정에 참여했던 사람으로서 뿌듯합니다."

- 최○○ 주민자치 위원장

"부천로 ○○○ 골목길을 주민과 함께 바꿨습니다. 쓰레기 무단투기가 이루어지던 곳이었고 30년 이상 노후주택과 노령 거주자가 대부분이어서 관리가 잘 안되던 곳이었지요. 그 골목을 가고 싶은 곳으로 만들어보자고 주민자치 위원들과 의기투합해서 화단을 조성했습니다. 주민자치 위원들과 소통하면서 지역 문제를 해결해보는 정말 의미 있는 시간이었죠."

- 오○○ 사무국장

"상대의 입장에서 문제를 바라보는 능력이 생겼습니다. 경청의 중요성을 몸으로 체득했어요. 다른 지역을 자연스럽게 이해할 수 있었고 지역을 바라보는 관점도 넓어졌어요. 지역 문제를 어떻게 해결해가야 할지 알게 되었습니다. 공무원과 어떻게 협업해야 하는지도요. 지역 문제해결의 주체가 나 자신임을 깨닫게 되었죠. 마을을 이끌어가는 리더가 어떤 역할을 해야 하는지 깊이 생각해보는 시간이었습니다."

- 김○○ 위원

우리는 학습자가 주도적으로 참여하도록 했고, 지역 사회 문제를 제대로 바라보도록 도왔을 뿐인데 학습자는 그 안에서 스스로 많은 것을 배워나갔다. 일방적으로 전달하지 않고 퍼실리테이터로서 촉진했을 뿐인데 학습자는 의미를 스스로 찾아 나갔다. 물론 교육에 참여한 이들에게 '참여하는 이유'를 스스로 발견하게 하는 일은 쉽지 않았다. 6시간 정도의 필수 교육 시간을 이수하면 되는데 30시간의 교육을 함께하자며 그 중요성을 설득하는 것은 교수자가 아무리 잘 설명한들 되는 것이 아니다. 우리는 첫 미팅 때 지역 사회를 위해 헌신하는 동료를 발견하도록 돕고, 그들과 연대감을 형성하는 과정을 지원함으로써 이 문제의 실마리를 찾아갔다. 교수자를 통해서가 아니라 함께하는 동료로부터 과정 참여의 의미를 발견하도록 돕는 것이 핵심이었다.

또한 과정 참여자가 문제해결에만 매몰되지 않고 성찰을 통해 문제해결 과정에 대한 학습이 일어나도록 촉진하는 것이 중요했다. 지역에서 해결해야 할 핵심 문제를 발견하고, 해결 방안을 동료와 함께 고민하고, 그 해결 방안을 현장에서 검증하는 과정에서 잠시 멈춰 소통하고, 의사결정하고, 갈등을 조정하고, 문제해결 방법에 대해서 살펴볼 수 있도록 하는 것이 퍼실리테이터로서 중요한 일이었다.

더 나아가 주민자치 교육에 참여했던 다양한 층위의 사람들은 퍼실리테이터에게 주어진 큰 과제였다. 지역에 봉사하고 기여하고 싶은 가치는 같지만 연령, 성별, 역량, 마을에 대한 이해도, 살아온 배경이 다른 사람들을 소통하도록 돕고 지역 문제에 대해 깊이 고민할 수 있도록 도와야 했으니 말이다. 이를 해결하기 위해 우리는 퍼실리테이터로서 상호 협력을 촉진하는 역할에 충실히 하려고 노력했다. 퍼실리테이터인 우리는 진정성을 가지고 과정에 임했고, 과정 참여자가 우리의 진정성을 발견해가도록 기다려주고 함께 소통해나갔다.

2016년 부천시 주민자치 교육에 퍼실리테이션을 지역 문제해결 과정에 도입한 이후, 우리가 지향했던 철학과 기본 방향은 민주시민교육 커리큘럼의 일환이 되어 경기도 다른 기초자치단체의 다양한 프로그램에 확산되었다.

국내 대기업에서의 디지털 트랜스포메이션 프로젝트

우리는 기업 등의 조직에서 컨설턴트로 일할 때도 철저하게 퍼실리테이터로서 프로세스 컨설팅 방식을 적용했다.

2021년 우리 중 한 사람은 국내 대기업 A건설사에서 뽑은 핵심 인재 16명과 함께 그 회사의 디지털 트랜스포메이션을 위해 시급한 세 건의 과제를 발굴하고, 그 과제를 해결하기 위한 프로젝트를 진행하는 과정에 프로세스 컨설테이션, 즉 퍼실리테이션 접근 방법을 활용했다.

프로젝트 수행 기간은 총 3개월이었고, 이 기간에 16명의 참가자는 각각 6명, 5명, 5명씩 세 팀으로 나누어 팀별로 한 가지씩의 프로젝트를 수행했으며, 퍼실리테이터의 역할은 한 사람이 세 팀을 한꺼번에 퍼실리테이션하는 집합교육 7시간씩 3차, 팀별 온라인 코칭 3시간씩 3회의 총 30시간을 수행했다. 프로젝트 모두가 회사의 당면 과제, 디지털 전환을 위한 전략 과제였던 터라 구체적인 명칭을 여기에 공개할 수 없음을 양해해주기를 바란다. 또한 프로젝트 수행 결과로써 정량적, 정성적 성과가 대단했으나 그 내용 또한 공개하지 못함을 이해해주기를 바란다.

팀별로 과제가 달랐기 때문에 과제 수행의 구체적 단계와 내용은 달랐지만, 과제 수행 프로세스의 근간은 '데이터 분석 디자인씽킹Data Driven DesignThinking' 프로세스였다.

이 과정 동안 퍼실리테이터는 어떤 역할을 수행했을까? 3개월 동안 의미 있던 과정을 돌이켜볼 때 퍼실리테이터가 수행했던 역할은 세 가지로 요약해볼 수 있다.

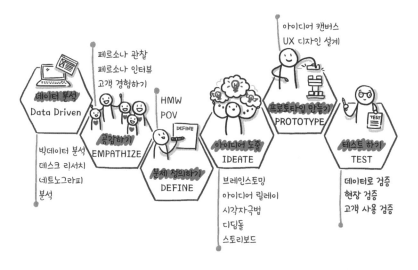

Data Driven Design Thinking

데이터 분석
Data Driven

빅데이터 분석
데스크 리서치
네트노그라피
분석

페르소나 관찰
페르소나 인터뷰
고객 경험하기

공감하기
EMPATHIZE

HMW
POV

문제 정의하기
DEFINE

아이디어 도출
IDEATE

브레인스토밍
아이디어 릴레이
시각자극법
디딤돌
스토리보드

아이디어 캔버스
UX 디자인 설계

프로토타입 만들기
PROTOTYPE

테스트 하기
TEST

데이터로 검증
현장 검증
고객 사용 검증

첫째, 참가자의 동기부여에 집중했다.

핵심 인재들은 이 프로젝트 말고도 해야 할 일이 많다. 때문에 프로젝트 수행에 몰입해야 하는 이유를 몸과 마음으로 깨닫게 하는 일이 중요했다. 예를 들어 다음과 같은 내용은 아무리 옳은 말이라도 머리로만 이해해서는 동기부여가 되지 않는다.

'문제해결역량을 향상하기 위해서는 책을 읽거나 강의를 듣는 것보다 CEO가 밤잠을 설치며 고민하는 과제를 수행하는 것이 훨씬 더 효과적이다. 프로젝트 수행에 성공하기 위해서는 혼자서 하는 것보다 팀원 모두가 함께 똘똘 뭉쳐야 한다. 프로젝트 수행의 결과로 그럴듯한 보고서를 작성하는 것이 아니라 현장에서 실천을 통해 그 효과가 검증된 결과를 담아야 한다. 과제 수행 결과물의 성과를 높이려면 팀원들이 가진 아이디어에만 집착하지 말고 경쟁사, 전문가, 고객들을 직접 찾아가 현장 관찰과 심층 인터뷰를 해야 하고 프로젝트와 관련한 디지털 전환의 흐름을 거시적으로 조망하고 체계적으로 공부해야 한다. 그리고 이 과정에서 팀원 간에 경쟁하기보다는 협력해야 한다…'

다시 말해 프로젝트가 성공하려면 리더가 팀원을 통제하고 지시, 관리하는 것이 아니라 믿음을 바탕으로 존중해야 하는 이유를 납득시키는 것이 매우 중요하다. 퍼실리테이터였던 우리는 그러한 이유를 장황하게 설명하기보다 팀원들이 퍼실리테이터의 질문에 답하는 과정에서 그 이유와 논리를 스스로 깨달을 수 있도록 촉진하는 '사고 촉진 질문'을 주로 사용했다. 또한 팀원들이 서로 질문하면서 또 다른 관점에서 문제를 바로 볼 수 있도록 도왔다. 프로세스를 쉽게 이해시키기 위해 간단한 샘플 과제를 수행하게 한 다음 그 수행 과정을 세부적으로 되짚어보고 성찰하게 함으로써 그 이유와 중요성을 스스로 깨닫게 했다.

사고 촉진 질문 예시

• 문제가 해결된 상태를 어떻게 정의할 수 있나요?

• 이 문제와 관련된 사람은 누구인가요?

• 문제해결에 있어 핵심 이해관계자는 누구인가요?

• 그들은 이 문제에 대해서 어떤 관점을 가지고 있나요?

둘째, 문제해결 프로세스를 안내하고 지도하는 역할을 수행했다.

디자인씽킹 프로세스와 단계별로 사용할 수 있는 다양한 도구와 방법을 프로젝트를 해결하는 과정에서 구체적으로 적용했다.[18] 특히 이번 과정의 목적은 디지털 전환 역량 향상과 디지털 전환 프로젝트를 동시에 수행해야 했다. 그래서 기존 디자인씽킹 프로세스에 데이터 분석 프로세스를 추가하여 해당 과제들을 빅데이터 분석을 하고 이를 통해 페르소나를 설정하여 고객들이 어떤 고민을 하고 있는지를 발견하게 했다. 이 모든 과정은 설명하기보다 그들이 직접 실습으로 깨우칠 수 있게 도왔다. 또한 그동안 다른 회사와 비영리기관에서 디자인씽킹을 사용하여 성공했던 사례를 설명하고 질의응답을 통해 심층 토론을 함으로써 참가자들이 비단 해당 프로젝트를 수행할 때뿐만 아니라 본인들이 담당하고 있는 다른 현업 과제를 해결할 때 사용하도록 도왔다.

셋째, 학습을 촉진했다.

앞서 잠깐 언급했듯이 프로젝트의 성공을 위해서는 본인들이 현재 보유하고 있는 지식, 경험, 노하우 등에만 의존해서는 안 된다는 점을 강조하고 다양한 사고 촉진 질문, 예를 들어 "이 과제와 관련한 전산 시스템을 가장 잘 운영하는 국내 기업(혹은 해외 기업)은 어디일까요?", "그 시스템을 벤치마킹하려면 어떤 사람의 도움을 받으면 좋을까요?",

"그 사람에게 연락하려면 누구의 도움을 받을 수 있을까요?" 등의 질문을 통해 자신들이 문제해결의 주체가 될 수 있도록 도왔다. 이런 과정을 통해 프로젝트 참가자들은 자신이 담당한 주제에 대해 선진국과 국내 초우량기업의 우수사례를 벤치마킹하며 공부했을 뿐만 아니라 관련 분야의 학계와 실무 전문가들을 직접 찾아가 심층 인터뷰를 진행했다. 또한 '우리의 문제는 현장에 답이 있다'라는 현장 중심 사고를 체득하여 이를 해당 프로젝트에 적용했음은 물론 자신들이 수행하고 있는 현업 업무에도 적용하기 시작했다.

국제 퍼실리테이터 협회의 공인 마스터 퍼실리테이터인 마이클 윌킨슨Michael Wilkinson은 그의 책《회의에 날개를 달아주는 퍼실리테이션 스킬(The Secrets of Facilitation)》에서 기업에 컨설팅 서비스를 제공할 때 퍼실리테이터는 전문지식 제공자가 아니라 프로세스 컨설턴트가 되어야 한다고 주장했다.

이 프로젝트를 돌이켜볼 때, 그리고 그동안 우리가 참여했던 수없이 많은 프로세스 중심의 컨설팅 프로젝트를 회고할 때, 우리는 마이클 윌킨슨의 경험에 동의할 수밖에 없다. 그는 자신이 수행했던 전문지식 위주의 컨설팅 프로젝트를 성공리에 마치고 약 1년 후 해당 고객사를 찾아가 보면 그가 제출했던 컨설팅 보고서에 담겼던 반짝이는 아이디어 중 실천에 옮겨진 아이디어 비율이 약 10%에 불과했다고 토로했다. 반면 그가 퍼실리테이터의 역할만을 수행하고 그 결과를 담은 보고서의 내용은 1년 후 평균적으로 80% 이상이 실행에 옮겨졌음을 경험했다고 적었다.[19] 그래서 그는 컨설턴트의 길을 접고 퍼실리테이터가 된 것이다.

우리 중 한 사람이 수행했던 A건설사의 프로젝트에서도 결과는 마이클 윌킨슨의 경험과 다르지 않다. A건설사의 참가자들은 해당 프로젝트의 수행 결과로 해당 과제에 대한 실행 가능한 해결 방안을 수립했고, 그 과정에서 얻은 다양한 아이디어를 회사 내의 다른 사업 부분에 적용했으며, 본인의 문제해결 역량이 획기적으로 향상되었노라고 입을 모아 이야기했다.

퍼실리테이터로서 이런 이야기를 들을 때 가장 큰 보람을 느낀다. 우리가 이 직업을 계속할 수 있는 이유는 퍼실리테이션을 통해 한 사람의 성장과 변화, 조직의 변화, 더 나아가 경쟁보다 협력이 있는 따뜻한 세상의 변화를 꿈꾸고 그 작은 꿈들이 실현되고 있는 모습을 매일 보고 있기 때문일 것이다.

서울시의 고독사 예방 정책 수립 및 진행

우리는 복지교육 프로그램도 퍼실리테이션 철학에 따라 운영했다. 서울시는 2016년 고독사에 대한 실태 파악 및 관련 연구를 통하여 고독사 예방 정책을 실시하였다. 서울시 고독사 대책 중 하나인 '주민관계망 형성 사업'은 고독사 및 사회적 고립 의제에 대한 관심을 가진 주민(이웃살피미)이 동별로 10명 내외로 모여 3회 이상의 주민 워크숍을 통해 동별 자체 계획을 수립하고 고립 가구를 발견하여 공공 체계로 지원·연결하는 활동을 진행한다. 주민 스스로 사회적 고립 예방을 위한 자체 계획을 수립하고 활동하며 주민이 주민을 살피고, 지원하고, 관계를 맺는 것이다.

기존의 여러 복지정책이 동주민센터와 복지기관 등 전문가 주도였다면 이 사업은 주민 주도로의 변화를 요구하며 주민 계획 수립 및 활동 경험의 축적과 역량 강화 활동을 통해 주민 주도성이 강화되는 특징이 있다.

주민관계망 형성 사업이 진행되려면 민·관 거버넌스 체계가 잘 구축되고 운영되어야 한다. 그래서 2019년 실무자 간담회와 주민 교육을 실시하였으나 결과는 민·관 거버넌스 추진 체계 간 역할 정리, 특히 시·자치구 간 소통 강화 등 추가 지원이 개선사항으로 나타났다.[20] 사업 주체별로 참가 대상을 구분하여 실무자 워크숍 및 간담회를 실시한 것이 이런 결과를 낳았다고 보인다.

이후 참가자 설문을 통해 주체별 교육보다는 민·관 실무자가 함께 소통하면서 사업에 대한 관점을 맞추는 계기가 필요하다는 의견에 따라 2020년에는 주체 간 협력적 논의가 진행되도록 퍼실리테이션 방식을 도입하여 설계·운영하였다. 특히 민·관 통합 실무자 워크숍은 자치구, 동주민센터, 복지기관의 추진 체계 간 소통을 위한 사업 추진 관점 맞추기와 상호 역할 합의, 사업 운영 시 기본 원칙 세우기 등을 통해 협력적 관계를 유지하고 지원하였다.

이 교육에서 퍼실리테이터는 담당자들이 서로 인사하는 시간을 갖게 하여 서로를 알아가면서 심리적 안전감을 느끼도록 했고, 사업에 대한 관점과 목표를 합의하는 데 집중하였다. 또한 사업을 진행하는 데 있어 구와 동, 복지기관의 역할과 사업계획을 함께 나눌 수 있도록 간단한 회의 주제를 제시하고 함께 토의할 수 있는 시간을 제공하였다. 한마디로 이 사업을 준비하는 첫 번째 회의 시간으로 느껴지게끔 진행한 것이다.

주로 전화 또는 이메일로 업무 논의가 이루어지는 상황에서 대면으로 함께 논의하는 계기를 만들었다는 점에서 담당자들에게 이 과정은 의미 있었다는 평가를 받았다. 실제로 이 교육을 계기로 사업 중에 대면 미팅을 추가로 진행한 동도 있었다. 또한 이 교육은 일회성으로 그치던 기존 교육에서 벗어나 사업의 연결성을 고려하여 사업 초기인 연초에 1회, 사업을 마무리하는 단계인 연말에 1회 총 2회의 교육을 실시했다. 이 프로그램의 성과를 조직과 개인 차원으로 나누어 설명하면 [표 04]와 같다.

[표 04] 2020년 주민관계망 형성 사업 프로그램의 성과

조직 차원의 성과	개인 차원의 성과
- 사업을 수행하기 위한 민·관 주체가 모여 사업 계획을 함께 수립하고 실행한 점 - 사업을 함께 모니터링하고 각 주체 간 자원을 연계하여 사업을 운영한 점 - 사회적 고립 가구 주민관계망 형성 사업에 대한 각 담당자 간의 이해도가 증가되어 사업 계획이나 실행에 도움되었던 점 - 본 사업의 계획과 실행의 주체는 공공이나 민간기관이 아니라 이웃살피미인 주민의 주도성이 커야 한다는 인식의 변화 - 실무자 교육에 대한 부정적 인식이 바뀌게 된 점 - 담당 실무자 간의 모임의 필요성 인식 - 기관 담당자별 네트워킹이 강화되었다는 점	- 타 기관의 실무자와 네트워크를 형성하고 그 기반으로 업무를 수행한 점 - 실무자 간 회의 시 소통이 편해지고 상대방 입장에서 생각하게 된 점 - 회의 참여하는 데 부담을 덜 느끼게 된 점 - 상대방 입장에서 제시한 의견을 생각하게 된 점

그렇다면 교육 참가자는 퍼실리테이션의 철학과 방법론을 토대로 진행된 이 교육의 어떤 측면을 장점으로 보았을까? 설문 결과 과정 참여자의 과정 몰입도는 100점 만점 중 75점으로 나타났으며, 그 이유는 참여식 교육 방법(95%), 다양한 배경을 가진 팀원들과 함께하는 과정에서 배움(89%), 팀원이 함께 과제를 해결하고자 하는 공통의 열정(88%), 퍼실리테이션 방식으로 진행되는 교육의 가치 및 지향점 공유(83%), 도출된 결과의 현장 적용 기대감(83%), 성찰을 통한 개인적인 성장 경험(72%) 등의 의견을 제시하였다.[21]

기존 교육과 달리 퍼실리테이션 위주의 교육 진행 방식은 참가자의 참여를 촉진하는 토의 위주로 설계되고 운영된다. 이런 방식이 사회복지 교육 현장에서 긍정적인 영향을 미치고 있음을 우리는 이 프로그램을 진행하면서 여실히 느낄 수 있었다.

3부

퍼실리테이터는
어떻게 일하는가

퍼실리테이터는
어떤 역할을 해야 하는가

교육 현장이나 단위 조직 차원에서뿐만 아니라 지역 사회와 사회 전반에 걸쳐 구성원들이 가진 역량과 아이디어, 그리고 선한 의지와 의욕을 끌어내 우리 사회와 조직을 한 차원 높은 단계로 발전시키려는 노력이 퍼실리테이션이라면 이 모든 기적을 실현해야 하는 퍼실리테이터는 구체적으로 어떤 역할을 해야 하는가?

이 질문에 답하려면 먼저 세 가지 측면을 생각해봐야 한다.

퍼실리테이터 역할을 논하기 전에

첫째, 퍼실리테이션과 퍼실리테이터의 정의를 알아야 한다.

퍼실리테이션이 무엇이고 퍼실리테이터에게 요구되는 것들은 무엇인지 명확하게 이해해야 퍼실리테이터의 역할에 대해 구체화할 수 있을 것이다. 촉진자로서 퍼실리테이터의 본질을 제대로 이해할 수 있을 때 역할에 대한 명확한 정의가 가능하다.

둘째, 퍼실리테이터가 자신의 역할을 통해 이루어내야 하는, 다시 말해 퍼실리테이터와 구성원들이 공통으로 지향하는 회의의 이상적인 모습을 사전에 명확히 정의해야 한다.

북극성을 함께 바라볼 수 있어야 길을 잃지 않는 것처럼 회의 참여자와 퍼실리테이터가 지향하는 가치가 같아야 한다. 그렇지 않을 경우 퍼실리테이터가 수행하는 역할과 역할 행동이 서로 다르게 나타날 것이다. 물론 회의의 목적과 구성원의 특성, 구성원이 소속되어있는 조직과 나라의 문화에 따라 이상적인 회의 모습이 조금씩 다를 수밖에 없다. 그럼에도 퍼실리테이션이 지향하는 이상적인 회의 모습에 관한 최소한의 공통분모는 분명히 존재하며 이를 사전에 명확히 정의해야만 퍼실리테이터의 역할도 명확해진다.

셋째, 퍼실리테이터의 역할을 공연 준비, 공연, 공연의 성찰과 평가(경영학 용어를 빌린다면 Plan, Do, See)에 이르는 전 과정에서 고찰해야 한다.

퍼실리테이터는 무대에 오르기 전 피나는 준비와 연습의 과정을 거친다. 또한 관객이 극장을 떠난 뒤에는 자신의 연기와 전체 시나리오를 면밀하게 반성하고 다음 공연에서는 좀 더 완벽해지기 위한 고민을 거듭한다. 그러므로 퍼실리테이터의 역할을 논할 때 퍼실리테이터의 언행만을 논의의 대상으로 삼는다면 수면 위에 나타난 빙산의 일각만을 보고 빙산의 모양을 짐작하는 것과 크게 다르지 않을 것이다.

이러한 세 가지 측면에서 볼 때 퍼실리테이터의 역할은 프로세스 전문가로서 회의 내용에는 개입하지 않으면서 이상적인 회의의 모습을 구현하기 위해 회의를 사전 준비하고 회의 프로세스를 촉진하며 회의 후에는 그 과정과 결과에 대해 성찰하고 평가하는 제반 활동을 포함한다고 할 수 있다.

퍼실리테이터의 여섯 가지 역할과 평가

그렇다면 이 제반 활동에는 구체적으로 어떤 활동이 포함되는가? 즉 퍼실리테이터는 실제로 어떤 역할을 수행하는가? 이 질문에 대한 답을 얻으려면 이상적인 회의의 모습과 사전 준비 사항, 프로세스를 구성하는 내용과 회의 결과에 대한 성찰과 평가에 포함될 내용을 하나씩 살펴볼 필요가 있다.

1. **이상적인 회의 모습** : 우리가 생각하는 회의의 이상적 모습은 '결론 도출/전원 참여/시간 엄수/화기애애'로 요약할 수 있다. 회의 참가자 전원이 화기애애한 분위기에서 미리 계획했던 시간 내에 그 회의에서 얻고자 했던 결론을 도출했다면 그 회의는 잘 진행되었다는 평가를 받을 수 있다.

2. **회의 프로세스** : 프로세스라는 단어에는 의사소통, 의사결정, 문제해결, 갈등관리의 네 가지 프로세스가 포함되어있다.

3. **사전 준비 사항** : 퍼실리테이터가 회의를 앞두고 준비해야 하는 사항은 P자로 시작하는 다섯 가지로, 회의의 궁극적 목적Purpose, 회의에서 도출해야 할 결과Product, 회의 참가자의 특성과 요구People, 회의 진행 프로세스Process, 회의 장소Place이다. 이 다섯 가지를 치밀하게 연구하고 준비해

야 한다.

4. **회의 결과에 대한 평가** : 퍼실리테이터는 자신이 진행했던 회의의 프로세스와 결과에 대해 냉정하게 평가하고 치밀하게 성찰하며 본인과 회의 참가자들을 위한 교훈과 시사점을 도출, 정리해야 한다.

지금까지 설명한 퍼실리테이터의 역할을 준비, 진행, 평가의 3단계로 구분하여 요약하면 아래와 같다.

단계별 퍼실리테이터 역할

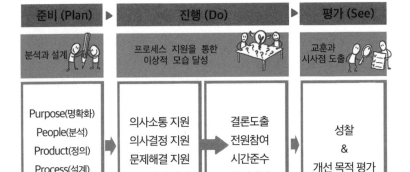

위 도표에서 보듯 퍼실리테이터의 역할은 적극적 역할과 소극적 역할로 구분할 수 있다. 준비 단계의 '분석과 설계', 평가 단계의 '성찰&개선 목적 평가'는 적극적 역할에 해당한다. 이 두 가지 역할은 대신해줄 사람이 없으므로 반드시 퍼실리테이터가 주도적으로 수행해야 한다.

반면 **진행** 단계의 네 가지 역할인 '의사소통 지원', '의사결정 지원',

'문제해결 지원', '갈등관리 지원'은 퍼실리테이터가 적극적으로 수행하기보다는 회의 참가자가 주도적으로 수행하도록 하고 그들이 스스로 수행하지 못하는 때에만 퍼실리테이터가 지원하는 소극적 역할에 해당한다. 이 진행 단계의 네 가지 역할을 퍼실리테이터가 주도적으로 하게 되면 퍼실리테이터가 북 치고 장구 치고, 모든 책임을 떠안으려 하는 현상, 혹은 퍼실리테이터가 주연 배우의 역할을 하고 참가자들이 조연으로 밀려나는 현상이 일어날 수 있다. 퍼실리테이터는 어디까지나 회의 참가자들이 회의를 순조롭게 진행할 수 있도록 꼭 필요한 경우에만 그들을 돕는 조연임을 다시 한번 상기하자.

다음으로 **평가** 단계에 있는 '개선 목적 평가'에 대해 간단히 부연 설명하고자 한다. 모든 평가 행위는 '사정'과 '개선'이라는 두 가지 목적이 있다. 사정 목적 평가는 '두 사람 이상의 퍼실리테이터 중에 누가 더 잘했는가?', '다음에 한 사람만을 선택해야 한다면 누구를 선택할 것인가?', '더 효과적으로 진행된 회의는 어떤 것인가?' 등에 관한 답을 얻기 위한 평가를 말한다. 반면 개선 목적 평가는 '특정 회의의 어떤 측면을 개선해야 더 효율적인 회의가 될 수 있는가?'에 관심을 두고 수행하는 평가를 뜻한다.

외부 퍼실리테이터를 고용한 경우 사정 목적 평가에 관심을 두는 주체는 퍼실리테이터 고용을 결정한 사람일 것이다. 그들의 최우선 관심은 퍼실리테이터의 역량이나 역할 수행의 숙련도보다는 조직 내부의 여러 가지 여건, 예를 들어 회의 시간, 회의 장소, 참가자 구성, 조직 특유의 의사결정 프로세스, 참가자 간의 구조적 갈등 등을 퍼실리테이터가 잘 고려해서 회의를 성공적으로 이끌었는지 여부에 있다. 퍼실리테이터로서 의미 있는 성장을 위한 평가가 이루어지는 것이 아니라 회의 진행의 성공 여부에 초점이 맞춰진다.

이에 반해 개선 목적 평가는 퍼실리테이터 자신의 사전 분석과 회의 설계 결과, 그리고 회의 진행 중에 수행했던 역할에 대해 면밀하게 성찰하고 다음에 비슷한 상황이 주어진다면 자신의 역할을 어떻게 개선하는 것이 좋을지에 대한 평가를 실시하고 이로부터 교훈과 시사점을 도출하는 것을 의미한다. 퍼실리테이터의 역할 중 평가 부분은 개선 목적의 평가를 의미한다.

그렇다면 1부에서 소개한 다섯 개의 리얼 스토리 주인공들, 즉 외부 퍼실리테이터로 초빙된 명민한 퍼실리테이터, 영업2팀의 김 팀장, 경단녀에서 퍼실리테이터로 데뷔한 김나영, A고등학교 갈등을 해결한

[표 05] 리얼 스토리 주인공들이 수행했던 퍼실리테이터의 역할

리얼 스토리	주인공	분석과 설계	의사소통 지원	의사결정 지원	문제해결 지원	갈등관리 지원	성찰과 개선 목적 평가
1	명민한 퍼실리테이터	○	○				
2	김 팀장	○	○		○		
3	김나영	○	○		○	○	○
4	윤성실	○	○	○	○		
5	윤지영	○	○			○	○

윤성실, 그리고 사회복지사 윤지영은 퍼실리테이터로서 어떤 역할을 수행했을까? 스토리에는 그들이 실제로 수행했던 역할 중 일부만 표현되어있지만 스토리에 나타난 내용만을 기준으로 볼 때 이들은 각각 [표 05]에 표시한 역할을 수행했다고 볼 수 있다.

표에 나타낸 것처럼 퍼실리테이터는 모든 상황에서 여섯 가지의 모든 역할을 수행하는 것이 아니다. 그보다는 회의의 목적, 회의에 배정된 가용시간, 참가자들의 특성과 요구Needs, 그리고 퍼실리테이터의 자기 경험과 수준을 감안하여 회의를 성공적으로 만드는 데 필요한 역할을 상황에 맞게 선택할 줄 알아야 한다. 본인이 할 수 있는 역할을 수행함으로써 퍼실리테이터가 없을 때보다 회의가 더 효과적으로 운영될 수 있도록 최선을 다하는 것이다.

자, 이제 여러분에게 두 가지 질문을 드리며 퍼실리테이터의 역할에 관한 논의를 마치고자 한다.

"만약 여러분이 리얼 스토리에 나온 명민한 퍼실리테이터, 김 팀장, 김나영, 윤성실, 윤지영이었다면 그들이 각각 수행했던 역할 이외에 어떤 역할을 더 수행하고 싶은가?"

"만약 여러분이 그 역할들을 수행했다면 스토리 전개는 어떻게 달라졌을까?"

퍼실리테이터는
어떤 역량을 갖춰야 하는가

앞서 살펴본 퍼실리테이터의 여러 역할을 능수능란하게 수행할 수 있으려면 퍼실리테이터는 어떤 역량을 갖추어야 할까? 퍼실리테이션을 난생처음 접했던 리얼 스토리의 주인공들, 예를 들어 경단녀의 생활을 끝내고 여성 비전센터에서 일을 시작한 김나영은 어떤 역량을 길렀기에 퍼실리테이터로 거듭날 수 있었을까? 노련한 솜씨로 주민자치 간담회를 매끄럽게 진행했던 명민한 퍼실리테이터는 어떤 역량을 발휘했던 것일까? 영업2팀 김 팀장처럼 조직의 구성원을 퍼실리테이터로 양성하려면 어떤 교육을 해야 하는가? 이 질문에 답하기 위해서는 '역량'이라는 개념을 명확하게 이해할 필요가 있다.

역량을 이루는 5가지 유형

역량Competency이란 '특정 직무에서 효과적인 것 또는 탁월한 성과의 원인이 되는 직무 수행자에게 잠재되어있는 특성'[22]을 말한다.

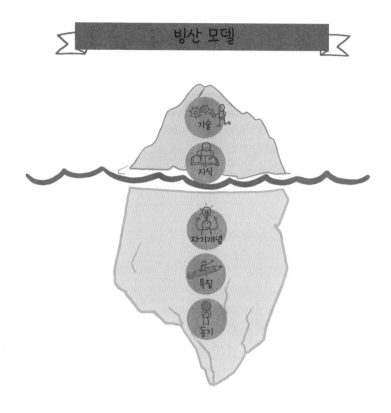

빙산 모델

이 특성은 개인의 동기, 특질, 자기개념(자기 이미지와 사회적 역할 인식), 일련의 지식, 기술이라는 다섯 가지 유형으로 이루어지며 직무 수행자 본인은 자신이 이러한 유형이 있는지 알 수도 있고 모를 수도 있다.[23] 그런 의미에서 이 다섯 가지 유형을 빙산으로 표현하는 것이 적절하다.[24]

라일 스펜서Lyle Spencer와 사이 스펜서Signe Spencer 의 《핵심역량모델의 개발과 활용》, 리차드 보야치스Richard Boyatzis의 《The competent Manger》에서 설명하는 다섯 가지 유형의 개념과 전형적인 예를 정리하면 [표

06]에 나타낸 바와 같다.25

[표 06] 역량의 다섯 가지 유형의 정의와 예

역량	정의	전형적 예
동기	- 개인이 일관되게 마음에 품고 있거나 원하는 어떤 것	- 성취동기(가 강한 사람)
특질	- 신체적인 특성 - 상황 또는 정보에 대한 일관적 반응 성향	- 시력, 운동신경 - 주도성
자기개념 : 자기 이미지와 사회적 역할 인식	- 자기 이미지 : 자신에 대한 지각과 그 이미지에 대한 평가(자기개념과 자기 존중감을 포함함) - 사회적 역할 인식 : 소속 조직이나 사회 집단이 적절하다고 인정하는 행동 규범이 무엇인지에 대한 자기 인식	"나는 창의적이고 혁신적인 사람이야." "나는 우리 회사의 혁신가야." "나는 우리 집안의 대들보야." 와 같은 생각
지식	- 특정 분야에 대해 가지고 있는 정보	- 인체의 신경과 정보에 대해 외과의사가 가지고 있는 지식
기술	- 특정한 신체적 또는 정신적 과제를 수행할 능력	- 치과 의사가 신경을 건드리지 않고 치아를 치료할 능력 - 컴퓨터 프로그래머가 5만 행의 코드를 논리적인 순서로 조직화하는 능력

빙산 모델에서 볼 수 있는 바와 같이 역량의 다섯 가지 유형 중 수면 아래에 잠겨 있는 빙산의 부분, 즉 동기와 특질, 자기개념은 관찰이나 측정이 어려울 뿐만 아니라 단기간의 교육이나 훈련을 통해 변화시키기가 쉽지 않다. 반면 수면 위로 드러난 지식과 기술은 관찰과 측정과 개발이 상대적으로 용이하다.26 따라서 퍼실리테이터 역량이 부족

하다면 업무 수행에 필요한 지식과 기술 측면의 교육과 훈련을 제공할 수 있다. 하지만 수면 아랫부분에 해당하는 동기, 특질, 자기개념 등은 단기간의 교육이나 훈련을 통해 변화시키기가 어려우므로 구성원을 선발한 때 신중하고 체계적인 주의를 기울여야 한다. 칠면조에게 나무 오르는 법을 가르칠 수는 있지만 그보다는 다람쥐를 선택하여 가르치는 편이 현명할 테니 말이다.[27]

퍼실리테이터에게 필요한 10가지 역량

퍼실리테이터에게 필요한 역량을 논하기에 앞서 우리는 다음의 세 가지 사항에 주의했다.

첫째, 역량의 정의가 '우수한 성과에 영향을 미치는 선행요인'이기 때문에 퍼실리테이터의 성과에 영향을 직접 준 것으로 검증된 역량을 최우선으로 선택했다.

둘째, 역량을 이루는 다섯 가지 요소 중 관찰이나 측정이 상대적으로 어려운 동기나 특질과 관련된 요소는 필수적인 요소에 국한하려고 노력했다. 왜냐하면 퍼실리테이터의 역량 중 동기나 특질에 관련한 요소가 많다면 선천적으로 키가 크거나 머리가 좋은 사람, 또는 성취동기가 강한 사람들만 회의를 진행해야 한다는 결론에 이를 수도 있기 때문이다.

셋째, 퍼실리테이터가 갖추어야 할 역량의 숫자를 늘리기보다 줄이기 위해 최선을 다했다. 프로와 아마추어의 차이를 내는 것은 연장의 숫자가 아니라 숙련도와 경험, 그리고 이것이 바탕이 되어 쌓이는 내공이기 때문이다.

이 세 가지 고려사항을 염두에 두고 우리가 도달한 퍼실리테이터에 필요한 역량은 열 가지로 정리할 수 있다.

1. **이타성** : 타인의 생각, 감정, 행동을 단순히 이해하는 차원을 넘어 타인의 욕구를 파악한 다음 자신의 목적을 달성하기 위해서가 아니라 그들에게 도움이 되거나 서비스를 제공하기 위해 뭔가 노력하는 지향성(마음가짐)을 말한다.

2. **겸손함** : 내가 모든 답을 알고 있지는 않으며 내 말이 정답이 아닐 수도 있다는 사실을 인정하는 태도를 말한다. 이 역량은 회의 내용에 대해 중립을 지켜야 한다는 퍼실리테이터의 정의와 깊은 관련이 있으며 상황적 겸손Situational Humility 또는 즉시적 겸손Here-and-Now Humility이라고도 불린다.[28]

3. **긍정적 관점** : 이 역량을 가진 사람은 모든 사람이 선한 존재이며 좋은 의도를 가지고 행동한다는 기본적인 믿음을 갖고 있다. 조직이나 가정 등 자신이 속한 집단에서 낙관주의자로 통하며 상대가 존중받고 있다고 느낄 수 있게 하는 언어적 및 비언어적 기술을 발휘한다.

4. **자기조절** : 타인의 반대나 적대적인 반응에 직면했을 때 혹은 업무로 인한 스트레스를 경험할 때 부정적인 행동을 하고 싶더라도 감정을 조절하여 자제하는 능력을 말한다.

5. **분석적 사고** : 상황을 세분하여 이해하거나 상황이 함축하고 있는 의미를 단계적, 인과론적으로 파악하는 역량이다. 구체적으로는 다음의 네 가지 능력을 포함한다.

   • 어떤 문제나 상황의 부분적 요소들을 체계적으로 정리하는 능력
   • 서로 다른 측면이나 특성을 비교하는 능력
   • 합리성에 근거하여 우선순위를 설정하는 능력
   • 사건의 시간적·인과적 순서를 파악하는 능력

6. **관찰** : 참가자들의 언어와 행동 및 비언어적 표현을 중립적인 입장에서 세밀하고 정확하게 관찰함으로써 관찰 행동의 모범을 보이고 참가자들도 그렇게 할 수 있도록 분위기를 조성하는 역량이다.

7. **질문** : 개방형 질문과 중립적 질문을 통해 참가자들이 다양한 시각에서 문제에 접근하도록 질문의 모범을 보이고, 참가자들도 개방형 질문과 중립적 질문을 활용하도록 분위기를 조성하는 역량을 말한다.

8. **경청** : 중립적인 자세와 경청의 기술을 바탕으로 경청의 모범을 보이고, 참가자들이 서로의 발언을 경청하도록 분위기를 조성한다.

9. **동기부여** : 칭찬과 격려 등 다양한 방법으로 참가자 모두가 회의 진행 과정에서 회의의 목적을 성공적으로 달성하도록 의욕을 북돋우며 서로의 의욕을 고취하는 회의 분위기를 조성하는 능력을 말한다.

10. **통찰과 연결** : 헬리콥터를 타고 숲을 내려다보듯 참가자가 그들이 가진 다양한 관점과 의견의 공통점과 차이점을 발견하고, 논의의 전체적 흐름을 파악하여 주의를 환기하고 관점을 전환하게 하여 이를 연결함으로써 창의적 대안과 시너지가 창출되도록 촉진하는 능력을 말한다.

이 역량들은 퍼실리테이터가 구체적으로 어떤 역할을 수행할 때 쓰이는 것일까? 또 각각의 역할에는 어떤 역량이 필요할까? 이 질문에 대한 우리의 생각을 일목요연하게 정리하면 [표 07]과 같다. 표에서 볼 수 있는 것처럼 퍼실리테이터는 회의 참가자 중 일부 또는 퍼실리테이터를 초빙한 조직 내 주요 이해 관계자들을 만나 회의의 다양한 측면을 분석하고 설계할 때 질문, 관찰, 경청 등의 역량을 발휘해야 한다. 또한 질문이라는 역량은 분석과 설계의 준비과정에서부터 진행의 모든 측면을 지원할 때, 그리고 퍼실리테이션이 끝나고 나서 본인의 교훈을 정리할 때까지 모든 과정에서 필요하다.

물론 모든 퍼실리테이터가 모든 회의에서 [표 07]에 나타난 모든 역할을 수행하는 것은 아니며 모든 회의에서 모든 역량을 발휘해야 하는 것도 아니다. 다만 일반적으로 퍼실리테이터가 회의를 진행할 때 언젠가는 표에 제시된 역할을 수행하면서 그에 맞는 역량을 발휘한다. 예를 들어 **리얼 스토리 ❶**의 주인공인 명민한 퍼실리테이터를 생각해보자.

[표 07] 퍼실리테이터의 역량

	역량 명칭	역량의 정의	역량 유형
1	이타성	타인의 생각, 감정, 행동을 단순히 이해하는 차원을 넘어서 타인의 욕구를 파악한 다음 자신의 목적을 달성하기 위해서가 아니라 그들에게 도움이 되거나 서비스를 제공하기 위해 뭔가 노력하는 지향성(마음가짐)	특질/자기개념
2	겸손함	내가 모든 답을 알고 있지는 않으며 내 말이 정답이 아닐 수도 있다는 사실을 인정하는 태도	특질
3	긍정적 관점 (인간관)	조직이나 가정 등 자신이 속한 집단에서 낙관주의자로 통하며 상대방으로 하여금 존중 받고 있다고 느낄 수 있게 하는 언어적 및 비언어적 기술	특질/자기개념
4	자기조절	타인의 반대나 적대적인 반응에 직면했을 때 혹은 업무로 인한 스트레스를 경험할 때 부정적인 행동을 하고 싶더라도 감정을 조절하여 자제하는 능력	특질/자기개념
5	분석적 사고	상황을 세분하여 이해하거나 상황이 함축하고 있는 의미를 단계적·인과론적으로 파악하는 역량	기술/(관련) 지식
6	관찰	참가자들의 언어와 행동 및 비언어적 표현을 중립적인 입장에서 관찰함으로써 관찰 행동의 모범을 보이고, 참가자들도 그렇게 할 수 있도록 분위기를 조성하는 능력	기술/(관련) 지식
7	질문	개방형 질문과 중립적 질문을 통해 참가자들이 다양한 시각에서 문제에 접근하도록 질문의 모범을 보이고, 참가자들도 개방형 질문과 중립적 질문을 활용하도록 분위기를 조성	기술/(관련) 지식
8	경청	중립적인 자세와 경청의 기술을 바탕으로 경청의 모범을 보이고, 참가자들이 서로의 발언을 경청하도록 분위기를 조성하는 능력	기술/(관련) 지식
9	동기부여	회의 진행 과정에서 회의의 목적을 성공적으로 달성하도록 참가자의 의욕을 북돋으며 회의 분위기를 조성	기술/(관련) 지식
10	통찰과 연결	참가자로 하여금 다양한 관점과 의견의 공통점과 차이점을 발견하게 하고, 논의의 전체적 흐름을 파악하여 주의를 환기시키고, 관점을 전환하게 하여 이를 연결함으로써 창의적 대안과 시너지가 창출되도록 촉진하는 능력	기술/(관련) 지식

[표 08] 퍼실리테이터의 역할과 역량의 관계

	역량	준비 단계	진행 단계				평가 단계
		분석과 설계	의사소통 지원	의사결정 지원	문제해결 지원	갈등관리 지원	성찰과 평가
1	이타성	○	○	○	○	○	
2	겸손함	○	○	○	○	○	○
3	긍정적 관점		○		○	○	
4	자기조절	○	○	○	○	○	○
5	분석적 사고	○	○	○	○	○	
6	관찰	○	○	○	○	○	○
7	질문	○	○	○	○	○	○
8	경청	○	○	○	○	○	
9	동기부여	○	○	○	○	○	○
10	통찰과 연결		○	○	○	○	

- 명민한 퍼실리테이터의 마음 깊은 곳에는 주민자치회장인 김우석뿐만 아니라 그날 간담회에 참가했던 모든 구성원을 정성을 다해 도와주고자 하는 **이타성**이 자리 잡고 있었을 것이다.

- 명민한 퍼실리테이터는 그날 그 간담회의 내용과 참가자들에 대하여 자신이 아는 것이 없다는 **겸손함**Here-and-Now-Humility을 가지고 간담회를 준비했고 당일에도 그런 마음가짐으로 간담회를 진행했을 것이다.

- 명민한 퍼실리테이터는 **긍정적 관점**을 갖고 있었던 것이 틀림없다. 왜냐

하면 참가자들이 공통점 찾기를 끝내고 자리에 앉았을 때 명민한 퍼실리테이터는 "오늘 좋은 분들만 오신 것 같은데, 제 말이 맞나요?"라고 말했다. 그의 말은 퍼실리테이터로서 모든 사람은 선한 의지를 갖고 있다는 평소의 신념에서 나온 말이었을 것이다.

- 스토리에는 언급되지 않았지만 명민한 퍼실리테이터는 뛰어난 **자기조절** 능력도 갖추었을 것이다. 예를 들어 간담회 참가자 중 "악수하고 인사하는 거 왜 하는 겁니까? 시간도 없는데 그냥 본론으로 들어갑시다. 어~ 참-." 하고 반론을 제기하는 사람이 있었더라도 명민한 퍼실리테이터는 참가자의 내면을 긍정적으로 바라보려고 노력했을 것이고 자기조절 능력을 발휘해 낯을 붉히거나 목소리 떨림 없이 온화한 미소로 "아, 그러시군요. 그런데 잠깐이면 되거든요. 우리가 좀 더 화기애애한 분위기에서 간담회를 진행하려는 거니까 5분 정도만 기다려줄 수 있을까요?" 하며 위기를 돌파했을 것이다.

- 명민한 퍼실리테이터는 김우석 회장과의 전화 통화에서 간담회를 하려는 목적과 간담회를 통해 얻고자 하는 구체적 결과물을 확인했다. 이 목적을 달성하기 위한 프로세스를 설계할 때 그의 **분석적 사고** 역량이 빛을 발휘했을 것이다. 회의 진행자가 우왕좌왕함으로써 시간을 낭비하고 그것을 지켜보는 과정에서 회의에 대한 회의감을 갖게 되었던 경험이 있다면 명민한 퍼실리테이터가 지닌 논리적 사고가 얼마나 중요한가를 충분히 이해할 수 있을 것이다.

- 간담회 시간이 가까워지면서 명민한 퍼실리테이터는 참가자들의 면면을 면밀히 관찰했을 것이다. 누가 어떤 표정으로 어떤 제스처를 쓰며 누구와 인사를 나누는지, 김우석 회장이 아는 사람은 누구이고 처음 만나는 사람은 누구인지, 참가자들이 공통점 찾기를 할 때도 유인물을 읽고 나서 짝꿍끼리 대화를 나눌 때도 김 회장에게 질문을 하고 답을 듣는 와중에도 명민한 퍼실리테이터는 간담회의 전체적인 분위기에서부터 참가자 개개인의 상태, 상호작용의 내용과 품질, 소통의 흐름과 막힘 등을 주도면밀하게 관찰했을 것이다. 그리고 그 관찰을 토대로 상황에 맞는 자신의 역할이 무엇일지를 재빠르게 판단하고 행동으로 옮겼을 것이다.

- 명민한 퍼실리테이터는 간담회를 준비하는 단계에서 김우석 회장에게 질문이라는 역량을 발휘하여 간담회의 목적과 결과물을 물었다. 간담회를 진행할 때도 참가자들에게 논리적 순서에 따라 질문을 이어갔다.
"유인물의 내용 중에 여러분 마음에 드는 내용은 무엇인가요? 왜 그렇다고 생각하나요?"
"주민자치회의 추진 계획 중 이해가 안 되는 부분은 무엇인가요?"
"주민자치회의 추진 계획 중 더 좋은 아이디어가 있다면 그 내용은 무엇인가요?"
"추가로 어떤 말씀을 하고 싶은가요?"

- 질문에 참가자들이 의견을 이야기할 때마다 명민한 퍼실리테이터는 겸손하면서도 긍정적인 관점으로 경청했을 것이다. 퍼실리테이터인 자신이 겸손하게 경청하는 모습을 보여야만 참가자들도 서로의 이야기를 경

청하게 된다는 진리(!)를 잘 알고 있기 때문이다.

• 명민한 퍼실리테이터는 참가자와 김우석 회장 간의 질의응답 시간에 질문이 끝날 때마다 그리고 답변이 끝날 때마다 질문과 답변에 감동하였고 (긍정적 관점으로 열심히 들었으므로 당연하다.) 참가자들에게 박수를 쳐달라고 자연스럽게 요청했다. 박수라는 간단한 행동을 통해 명민한 퍼실리테이터는 참가자 모두가 회의에 몰입하도록 **동기부여** 하는 역량을 발휘한 것이다.

• 만약 참가자들이 자신의 입장과 관점으로 보고 있는 나무에 대해서만 이야기하더라도 명민한 퍼실리테이터는 **통찰과 연결**이라는 역량을 발휘했을 것이다. "아~ A님은 재래시장 상가의 사장님 입장에서 이 문제를 바라보고 계신 것 같은데, 맞나요?", "B님은 재래시장에 장 보러 오시는 주부님들의 관점이네요, 그렇죠? 만약 사장님과 주부님 모두 만족하려면 어떤 방법이 있을까요?"와 같은 질문을 통해 회의 시작 전에는 참가자 각자가 생각하지 못했던 창의적인 대안이 도출될 수 있도록, 그래서 참가자들이 "오늘 간담회에 오길 참 잘했다. 많은 것을 배울 수 있던 소중한 시간이었다."라고 말할 수 있도록 촉진하는 역량을 발휘했을 것이다.

물론 회의 과정에서 명민한 퍼실리테이터의 모든 행동과 역할을 알 수는 없고, 지금까지 설명한 역량 이외에 명 퍼실리테이터가 또 다른 역량을 가졌는지 회의 과정에서 이를 얼마나 매끄럽게 발휘했는지를 낱낱이 설명할 수는 없다. 다만 우리는 여러분이 퍼실리테이터의 역량이라는 관점에서 리얼 스토리를 다시 한번 곱씹어 보기를 권한다. 아마도 행간에 숨은 주인공들의 역량을 쉽게 간파할 수 있을 것이다. 그런 다음 [표 09]에 다섯 명의 주인공들이 갖추었겠다고 생각되는 역량에 표시해보시라.

[표 09] 리얼 스토리 주인공들의 퍼실리테이터 역량

	역량 명칭	명민한 퍼실리테이터	김 팀장	김나영	윤성실	윤지영
1	이타성					
2	겸손함					
3	긍정적 관점					
4	자기조절					
5	분석적 사고					
6	관찰					
7	질문					
8	경청					
9	동기부여					
10	통찰과 연결					
11	여러 분이 발견한 주인공의 또 다른 역량	예) 명쾌한 설명 능력				

회의 준비를 위한 5P 모델

일곱 명이 참여하는 두 시간짜리 회의를 준비한다고 생각해 보자. 회의를 준비하는 퍼실리테이터는 회의에 참여하는 일곱 명의 두 시간, 총 14시간의 시간을 책임져야 한다. 참여자들이 그 회의에 참여하기 위해 포기해야 했던 일들, 즉 기회비용까지 생각한다면 그 회의가 갖는 가치는 더욱 커지며, 퍼실리테이터가 이를 제대로 준비해야 하는 이유는 더 분명해진다.

여러분은 회의를 어떻게 준비하고 있는가? 혹시 회의 장소를 예약하고 회의 자료만 출력해두면 문제없이 회의가 진행될 거로 생각하고 있지는 않은가? 우리 네 사람이 이상적인 회의의 모습으로 생각하는 '결/전/시/화(결론도출, 전원참여, 시간준수, 화기애애)' 회의는 퍼실리테이터의 치열한 고민과 준비 과정을 통해 만들어질 수 있다. 그러므로 이번에는 노련한 퍼실리테이터는 회의를 어떻게 준비하는지 그 과정을 함께 알아보도록 하자.

회의를 준비하는 과정에서 고려해야 할 것들은 무엇일까?

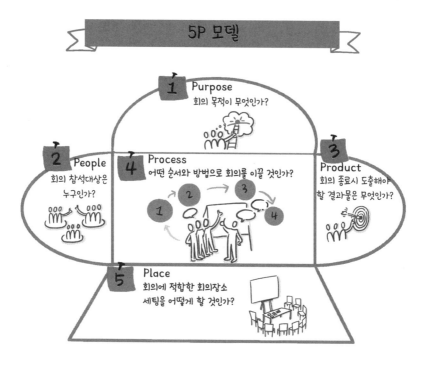

회의의 목적이 무엇인지Purpose, 회의에 참여하는 사람은 누구이고 어떤 특징을 가지고 있는지People, 회의 종료 후 도출해야 할 결과물이 무엇인지Product, 어떤 순서로 회의를 진행해야 목표로 하는 결론에 다다를 수 있는지Process, 효율적인 회의 진행을 하려면 회의 장소를 어떻게 준비해야 하는지Place에 대한 것들이 떠오를 것이다.

회의를 준비하는 과정에서 퍼실리테이터는 이 다섯 가지 요소를 고려해야 하며 우리는 이를 영어 단어의 머리글자를 따서 '회의 준비를 위한 5P 모델'로 이름하였다.

Purpose 회의 목적

"왜 모이라고 하는 거야? 회의 안 해도 되겠고먼…" 회의 목적에 대해 서로 합의가 이루어지지 않은 모습이다. 회의를 디자인하는 퍼실리테이터는 회의 목적에 대해 구체적으로 말할 수 있어야 하며, 회의 참석자가 이 목적에 대해 공감할 수 있어야 회의 준비를 위한 첫 단추가 잘 끼워진 것이다. 퍼실리테이터는 "오늘 회의를 개최한 이유는 ○○○을 하기 위함입니다."라는 이야기를 할 수 있어야 하고, 이 회의 목적에 모든 참여자가 동의해야 한다.

People 회의 참석 대상

회의에 참여한 사람이 한마디도 하지 않는 경우를 본 적 있는가? 이는 회의 진행 방식에도 문제가 있을 수 있지만 궁극적으로는 적합하지 않은 대상이 회의에 참여했기 때문일 확률이 높다. 책임을 나누기 위해 의도적으로 특정인 혹은 특정 부서를 회의에 초대했다면 그들은 회의 참석 명부에 이름을 올리는 역할 정도밖에 머물 수 없다. 따라서 회의 목적에 적합한 사람이 회의에 참여하도록 하는 것은 좋은 회의를 위해 반드시 선행되어야 할 부분이다. 퍼실리테이터는 회의 참석 대상자가 결정되면 회의에 대한 이들의 기대사항을 파악하고 이들이 회의 진행 과정에서 어떤 역할을 해야 하는지 살펴볼 수 있어야 한다.

Product 회의 결과물

회의 종료 후 어떤 결과물이 도출되었을 때 회의 목적을 달성했다고 볼 수 있는지 명확하게 하는 단계이다. 평생교육의 변화된 정책을 참여자에게 설명하는 것을 목적으로 하는 회의라면 회의 참여자가 해당 정책 내용을 다른 사람에게 설명할 수 있을 때 회의 목적을 달성했다고 볼 수 있다. 새롭게 만든 교육 프로그램에 적합한 이름을 부여하기 위한 아이디어 회의였다면 교육 프로그램 이름의 최종 후보를 도출하는 것이 회의 결과물이 될 수 있다. 퍼실리테이터는 회의를 시작할 때 오늘 진행하는 회의 결과물에 대해 참여자들과 합의할 수 있으며 이는 결론 도출을 위한 회의의 출발점이 될 수 있다.

Process   회의 프로세스

회의 참석자와 함께 회의 결과물을 도출해가는 프로세스를 디자인하는 과정이다. 회의 시작을 어떤 방식으로 할지, 어떤 순서로 논의를 전개할지, 어느 시점에 의견을 수렴해갈지 구체화하는 단계로 이를 구체화하여 기록한 것이 어젠다(회의 시간표)이다. 퍼실리테이터가 회의 프로세스를 디자인하고 이를 어젠다로 구체화하는 과정 자체가 회의 시뮬레이션 과정이기도 하다. 퍼실리테이터는 어젠다를 작성하면서 머릿속으로 회의를 여러 번 진행해보는 효과를 얻을 수 있으며, 이러한 과정을 통해 회의 진행 과정에서 예상되는 문제점을 미리 파악하여 준비할 수도 있다.

Place   회의 장소

자유로운 소통을 목적으로 하는 회의인데 회의 장소가 임원 회의나 할 법한 ㄷ자형 붙박이 책상이 놓인 공간이라면 어떨까? 과연 회의가 제대로 이루어질 수 있을까? 노벨상 수상자만 다섯 명을 배출한 세계 최고의 생명과학 연구기관 솔크 연구소 사람들은 창의적인 아이디어가 떠오르도록 하는 근원을 "다른 데보다 높은 천장"이라고 말한다.[29] 공간이 갖는 힘을 상징적으로 보여주는 사례라고 볼 수 있다. 효율적인 회의 진행을 위해 퍼실리테이터는 회의 목적에 부합하는 최적의 회의 공간을 준비해야 한다.

퍼실리테이터가 회의를 준비하는 과정을 5P 모델을 기반으로 살펴보았다. 이 다섯 가지 항목은 회의를 준비하는 과정에서 유기적으로 상호작용하며 회의 준비를 돕는다. 여러분이 준비하는 회의 내용을 생각해보고 아래 문장의 비어 있는 부분을 채워보자. 회의를 준비하는 과정에서 이러한 절차를 반복하다 보면 효율적인 회의를 디자인하기 위한 퍼실리테이터의 시각을 명확하게 할 수 있을 것이다.

_____ 목적으로
_____ 와(과) 함께하는 회의를 진행할 것이다.
회의가 종료되었을 때 _____ 이(가) 도출되면
회의가 성공적으로 이루어졌다고 판단할 수 있을 것 같다.
이러한 회의 결과물이 도출되도록 하기 위해서는
_____ 의 논의 절차로 미팅을 진행하는 것이 좋겠다.
이를 위한 회의 장소는 _____ (으)로 하기로 하고,
필요한 회의 준비물은 _____ 이다.

어젠다, 어떤 순서로 회의를 진행할 것인가

주니어 퍼실리테이터들이 가장 많이 하는 질문 중 하나가 "어떤 프로세스로 미팅을 이끌어야 할까요? 회의를 잘 이끄는 특별한 비법이 있을까요?"이다.

이 질문을 곱씹어보면 퍼실리테이터가 어떤 표준화된 절차와 방법으로 회의를 이끌면 효율적인 결론에 도달할 수 있을 것이라는 전제를 깔고 있다. 어떠한 상황에서도 적용할 수 있는 마법 지팡이 같은 특별한 방법을 묻는 것이다. 이 질문 안에는 컨베이어벨트 위에서 자동차가 조립되어가는 것처럼, 어떤 일정한 절차와 방법을 적용해가면 효율적인 결론에 이를 수 있을 것이라는 기대가 내포되어있다.

주니어 퍼실리테이터들의 이런 심정은 충분히 이해할 수 있다. 그도 그럴 것이 회의 준비를 위한 5P 모델 중에 가장 답하기 어려운 것이 바로 네 번째 P인 Process "어떤 순서와 방법으로 회의를 진행할 것인가?"이기 때문이다.

첫 번째 P인 Purpose '회의 목적'은 퍼실리테이터가 아니라 회의 주관자가 정하므로 퍼실리테이터는 회의 목적에 대해 고민하기보다 회의 주관자가 정한 목적을 올바로 이해하고 잘 기억하고 있다가 회의 참가자들이 그 목적을 제대로 이해하도록 돕기만 하면 된다.

세 번째 P인 Product, 즉 회의 종료 시 도출되어야 할 결과물을 정할 때도 퍼실리테이터 단독으로 정하기보다는 회의 주관자와 함께 협의하는 것이 바람직하다.

두 번째 P인 People, 회의 참가자의 특성을 파악하는 일도 (특히 퍼실리테이터가 조직 외부 사람일 경우) 퍼실리테이터 단독의 일이라기보다는 회의 주관자 또는 참석 예정자 중 몇 사람에게 물어보면 된다. 다시 말해 같이 고민해줄 사람이 있는 것이다. 더 나아가 회의 장소와 준비물을 결정하는 다섯 번째 P인 Place의 경우 준비물은 많은 회의가 대동소이하고 장소는 주어진 장소를 최대한 활용하는 것이기 때문에 질문의 난이도가 상대적으로 낮다고 할 수 있다.

하지만 제반 여건 속에서 회의의 논리적 진행 순서와 단계별로 사용할 방법과 도구를 결정하는 것은 이 분야의 전문성을 가진 독보적인 존재, 즉 퍼실리테이터의 고유 권한이자 책임이다. 만약 퍼실리테이터가 회의 주관자 또는 회의 의뢰자에게 "어떤 순서로 회의를 진행할까요?"라고 겸손하게 질문한다면 상대의 반응은 어떨까? 아마도 "그러려면 당신을 왜 불렀겠어? 당신이 그 분야 전문가 아닌가?"라는 매우 냉담한 반응이 돌아올 것이다.

이런 이유에서 네 번째 P인 Process, "어떤 순서와 방법으로 회의를 진행할 것인가?"에 관해 좀 더 깊이 살펴보고자 한다.

어젠다를 만들어가는 6개의 질문

　　대부분의 사람이 어젠다를 '회의 의제', '회의 안건'이라고 생각하지만 영어사전을 좀 더 살펴보면 '의사일정', '계획' 등의 의미도 포함되어있다. 그러므로 퍼실리테이터가 준비하는 어젠다는 '회의에서 나누어야 하는 의제를 논리 순서에 맞게 시간과 방법을 배열한 계획'이라고 정의할 수 있다.

　　잘 만들어진 어젠다는 회의를 진행할 때 구체적으로 어떤 일을 해야 하는지 기술되어있기 때문에 퍼실리테이터의 비밀 노트가 될 수 있다. 참여 인원이 많아 여러 명의 퍼실리테이터가 진행하는 워크숍의 경우에는 퍼실리테이터끼리 이 비밀 노트를 공유하기도 한다.

　　어젠다가 잘 정리되어있으면 회의에 참여하는 모든 사람이 회의가 어떻게 진행될 것인지 머릿속에 그려볼 수 있다. 그렇다면 어젠다를 어떻게 만들어갈 수 있을까? 먼저 어젠다를 만들 때 퍼실리테이터가 던져야 할 질문을 소개한다.

1. 이번 회의에서 어떤 결과물을 도출하는 것이 좋을까?
2. 논리적으로 볼 때 어떤 순서로 토론을 전개하는 것이 좋을까?
   (논리적으로 볼 때 어떤 순서로 어떤 질문을 하는 것이 좋을까?)
3. 순서별로 어느 정도의 시간을 배정하는 것이 좋을까?
4. 회의 참가자들의 의견을 (적은 포스트잇을) 어떤 양식에 붙이게 하는 게 좋을까?
5. 이대로 진행하면 될까? (시뮬레이션 - 결과물, 논리적 순서, 시간, 양식 등)

6. 논의하고자 하는 주제(질문)에 어떤 예시를 제공하면 참가자들이 질문을 쉽게 이해할 수 있을까?

   * 퍼실리테이터가 회의 주제를 정확하게 이해하지 못할 경우 1~3번, 6번을 일부 참가자와 사전에 의논할 수 있다.

이렇게 여섯 개의 질문에 따라 생각을 정리해나가면 구체적인 회의 진행 순서와 방법을 만들어낼 수 있다. 그것이 어젠다이다.

회의 참여자에게 어젠다를 공유하는 이유

어젠다는 퍼실리테이터를 위한 준비이기도 하지만 회의 참가자를 위해서도 사용된다. 회의가 열리기 며칠 전 참가자들에게 회의 참가를 안내하는 공식 안내(메일이나 SNS 등을 통해 알리는)에도 사용되고, 회의 시작 초반에 참가자가 오늘 미팅에서 무엇을 할 것인지, 시간별로 어떻게 운영되는지를 알도록 공유하거나 게시해놓을 때도 사용된다. 그렇다면 참가자에게 어젠다를 공유하는 이유는 무엇일까?

첫째, 회의 참가자들과 논의할 안건을 합의하기 위함이다.

회의에 참여한 모두는 시간을 낭비하고 싶어 하지 않는다. 회의가 시작된 후 '내가 논의하고 싶은 내용이 안건에 없네…' 하는 순간 회의 참가자는 회의 참석 이유를 잃게 된다. 퍼실리테이터가 회의 시작 시점에 어젠다를 통해서 회의 참석자가 관심 있어 하는 주제가 회의 때 다루어짐을 알리고 시작해야 하는 이유이다. 회의 참석자가 회의 참석 이유를 발견하지 못한다면 회의에 집중하지 못하고 다른 생각을 하게 될 것이다.

둘째, 함께 시간 관리를 할 수 있기 때문이다.

회의에 참여하는 사람들은 시작하면서부터 본능적으로 '언제 끝나지?(언제 집에 가지?)' 하는 생각을 품게 된다. 회의에 앞서 어젠다에 대해 모두가 합의된 상태에서 회의를 시작한다면 퇴근 시간을 늦추지 않기 위해 모두가 한마음(?)으로 퍼실리테이터의 시간 계획에 따라 속도를 내고 몰입하게 된다. "시간이 벌써 이렇게 되었는데 아직 두 번째 안건이 끝나지 않았네요. 어서 진행합시다." 하는 시간 관리자형 참여자가 나오기도 한다. 물론 속도감 있게 진행한다고 해서 좋은 것만은 아니나 평소 참여했던 회의가 무의미한 논쟁이나 잡담으로 버려진 시간이 많았다면 시간 관리를 돕는 어젠다는 그것만으로도 존재가치가 충분하다.

회의 유형별 어젠다 설계 방법

회의 목적에 맞는 결과물이 도출될 수 있도록 회의 진행 프로세스를 설계하는 것이 퍼실리테이터의 가장 중요한 역할임을 고려할 때 회의 어젠다를 제대로 설계하는 것은 주니어 퍼실리테이터에게 주어진 가장 큰 도전이다.

2부에서 우리는 회의 유형을 회의 목적과 결과물에 따라 정보 공유형, 아이디어 도출형, 문제해결형으로 구분했다. 또한 앞서 모든 회의 어젠다는 컨베이어 벨트에서 물건이 만들어지듯 표준화된 프로세스가 존재하지 않고 주어진 회의 여건과 상황에 맞는 어젠다가 설계되어야 함을 이야기했다. 노련한 퍼실리테이터에게는 당연하게 들리는 이 말이 주니어 퍼실리테이터에게는 엄청난 부담으로 작용하는 부분이다. 그렇다면 주니어 퍼실리테이터가 회의 어젠다를 작성할 때 좀 더 쉽게 접근할 방법은 무엇일까?

이번에는 회의 유형별로 회의 어젠다를 설계할 때 고려해야 할 부분에 대해서 알아보고자 한다.

정보 공유형 회의

정보 공유형 회의는 회의 참가자가 반드시 알아야 할 내용을 전달하기 위해 실시되는 회의이다. ○○○ 설명회, ○○○ 전달 회의 등의 이름을 가지고 있는 회의는 모두 정보 공유형 회의로 볼 수 있다. 정보 공유형 회의의 핵심은 무엇일까? 당연히 참여자가 회의 종료 후에 알아야 할 정보를 제대로 이해하고 더 나아가 본인의 언어로 이를 설명할 수 있는지일 것이다. 회의를 준비한 사람이 정보를 얼마나 잘 설명했는지가 중요한 것이 아니라 참여자가 얼마나 제대로 이해했는지가 중요하다.

그런데 정보 공유형 회의를 준비하는 많은 퍼실리테이터가 어떻게 내용을 잘 설명할 것인지에 초점을 맞춰 회의를 준비하고 있다. 정보 공유형 회의를 준비하는 핵심은 이를 정보 수용자 관점에서 바라보는 것으로부터 출발한다. 참여하는 사람이 정보를 제대로 이해할 수 있도록 내용을 곱씹을 시간을 주고, 궁금한 사항을 물어보도록 여건을 만들어주며 본인이 이해한 것이 맞는지 확인해보도록 돕는 것이 제대로 된 정보 공유형 회의 접근법이다. 정보 공유형 회의의 진행 프로세스는 크게 세 단계로 구분할 수 있다.

1단계 정보(지식)에 대한 내용을 이해하도록 돕는 단계
2단계 궁금한 사항에 대해 질문하고 답을 들을 수 있도록 돕는 단계
3단계 핵심 정보(지식)에 대한 전달 사항이 제대로 전달되었는지 확인하는 단계

조금 더 구체적으로 살펴보자. 정보 공유형 회의를 준비하는 퍼실리테이터가 유의해야 할 사항은 무엇일까?

첫째, 정보의 중요성을 참여자가 명확하게 인지하도록 한다. 회의에 참여한 사람이 회의에 제대로 참여하도록 만들려면 이 정보를 아는 것이 본인에게 혹은 본인의 팀에 어떤 의미가 있는지를 발견하도록 도와야 한다.

둘째, 전달해야 할 정보(지식)를 어떤 방식으로 설명할 때 회의 참여자가 제대로 이해할 수 있을지를 고려한다. 설명 시간을 가급적 줄이고 참여자가 주도적으로 내용을 파악할 수 있는 시간을 부여하는 것이 더 효율적이다. 참여자가 이해해야 할 정보의 전체적인 개관을 설명한 후 각론은 참여자가 주도적으로 자료를 읽어가면서 파악해가

도록 돕는 것이 좋다.

셋째, 궁금한 사항을 물어볼 수 있는 분위기와 여건을 어떻게 조성할지 고민한다. 내용에 대해서 이해하지 못하는 부분이 있다면 무엇이든 질문할 수 있다는 심리적 안전지대를 참여자에게 만들어주어야 한다.

넷째, 최종적으로 전달하고자 했던 내용을 참여자가 제대로 이해하고 있는지 확인하는 절차를 고려해야 한다. 회의를 통해 전달받은 정보를 본인의 언어로 직접 이야기해보도록 하는 것이 좋다.

Example ....

○○시가 평생학습 동아리 지원 체계를 새롭게 개편하고 이를 시의 평생교육기관에 설명하는 회의를 갖는다고 생각해보자. 퍼실리테이터로서 이 회의를 어떻게 준비하고 진행해나가도록 도울 수 있을까? 어떻게 어젠다를 세워서 진행해야 할까? 아래 제시한 어젠다를 확인하기 전에 여러분의 어젠다를 먼저 생각해보길 바란다.

평생학습 동아리 지원 체계 설명회

10:00~10:10 • Welcome
10:10~10:20 • Ice Break (기관 담당자 상호소개)
10:20~10:50 • 평생학습동아리 지원 체계 설명
11:00~11:20 • 회의 참여자 주도로 학습동아리 지원
체계 세부내용 확인+질문 구체화
11:20~11:40 • 질의응답
11:40~11:50 • 핵심 내용 리뷰
11:50~12:00 • 성찰

이 어젠다에 따라 퍼실리테이터가 회의를 진행해가는 모습을 생각해보자. 여러분이 퍼실리테이터라고 생각하고 장면을 떠올려도 좋겠다.

1. 회의에 참여한 사람을 맞이한다. 참여자들이 따뜻하게 환대받는 느낌이 들 수 있게 돕는다.
2. 설명회의 목적을 명확하게 이해하도록 돕는다. 평생학습 동아리 지원 체계를 제대로 아는 것이 향후 기관을 운영하는 데 있어 어떤 도움을 주는지 느끼도록 한다. 참여한 사람이 제대로 회의에 참여해야 하는 이유를 발견할 수 있도록 한다.
3. 옆에 있는 기관 담당자들끼리 서로 간단하게 소개하는 시간을 갖도록 한다. 긍정적인 분위기가 만들어지도록 돕고 지자체 평생교육 생태계를 함께 만들어 가는 파트너임을 느낄 수 있도록 한다.
4. 평생학습 동아리 지원 체계에 대해서 큰 그림을 볼 수 있도록 설명한다.

참여한 사람들의 머릿속에 지원 체계의 뼈대가 세워질 수 있도록 한다.

5. 지원 체계 각론에 대해서는 세부 자료를 나눠주고 직접 읽어볼 수 있는 시간을 부여한다. 내용을 읽어보면서 궁금한 사항을 체크해두도록 한다.

6. 옆에 있는 동료와 함께 내가 생각하는 지원 체계의 핵심적인 부분이 무엇인지 이야기해보도록 돕고 대화 과정에서 궁금한 사항이 생기면 질문을 포스트잇에 적어두게 한다.

7. 질의응답 시간을 갖는다. 포스트잇에 궁금한 사항을 적어두었기 때문에 그룹별로 질문을 요청할 수 있다.

8. 오늘 회의에서 전달받은 내용 중 우리 기관에서 가장 중요하게 바라봤던 내용 세 가지를 뽑고 옆 사람과 공유한다.

9. 회의에 참여한 소감을 나누도록 한다.

10. 설명회의 취지를 다시 한번 상기시키고 회의를 종료한다.

아이디어 도출형 회의

아이디어 도출형 회의는 회의 참여자와 함께 의미 있는 아이디어를 도출하는 것을 목적으로 한다. 1 더하기 1이 3 이상이 되는 집단지성의 힘을 믿고 모이는 회의가 아이디어 도출형 회의이다. 내가 보지 못했던 부분을 회의를 통해서 발견하고, 다른 사람의 의견을 바탕으로 나의 생각이 확장되며 이를 통해 더욱 의미 있는 아이디어를 얻는 것이 핵심이다.

그렇다면 여러분이 참여했던 아이디어 회의를 생각해보자. 이미 대안을 정해놓고 의견을 묻는 요식행위는 아니었는가? 여러 사람의 의견이 자유롭게 오가는 회의가 아닌 몇 사람의 빅마우스가 주도하는 회의는 아니었는가? 새로운 아이디어가 떠오르지 않아 답답함과 막막함이 공존하는 회의이지는 않았나? 누군가가 이 회의를 바로잡아줬으면 하는 생각이 들 정도로 좌충우돌하는 회의이지는 않았나?

이런 회의를 바꿔가도록 돕는 것이 퍼실리테이터의 책무이다. 이러한 이유로 아이디어 도출형 회의가 효율적으로 진행되기 위해서 어떤 단계를 거쳐 가야 하는지 살펴보는 것은 의미가 있다. 먼저 아이디어 도출형 회의 진행 프로세스 4단계를 살펴보자.

1단계 아이디어 도출이 필요한 상황과 맥락을 이해하도록 돕는다.
2단계 구체적인 아이디어가 필요한 부분이 어떤 부분인지 확인한다.
3단계 참여자들이 자유로운 생각을 나누도록 촉진한다.
4단계 핵심 아이디어로 수렴한다.

이러한 단계로 아이디어 도출형 회의를 준비하고 진행해나갈 때 퍼실리테이터가 유의해야 할 사항은 다음과 같이 정리할 수 있다.

첫째, 회의 목적이 아이디어 도출에 있음을 퍼실리테이터는 항상 마음속에 담고 있어야 한다. 회의에서 퍼실리테이터가 하는 모든 말과 행동은 회의 목적을 달성하는 데 도움이 되는 것이어야 한다. 아이디어 도출형 회의에서의 퍼실리테이터는 아이디어를 촉진하는 방향으로 모든 자원과 에너지를 써야 한다.

둘째, 회의를 개최하게 된 상황과 맥락을 참여자가 정확하게 이해하도록 도와야 한다. 마음이 급하다고 전체 맥락을 이해하지 못한 상태에서 아이디어에 대해서만 이야기하게 되면(숲을 보지 못하고 나무에 대해서만 이야기하게 되면) 마지막에 도출된 아이디어를 보고 무엇인가 잘못된 것 같다고 생각하게 될 수도 있다. 이때 전체 맥락의 설명을 이해하도록 돕는 시간이 너무 길지 않아야 한다. 우리는 설명회에 참여한 것이 아니라 아이디어 도출을 위한 회의에 참여했음을 다시 한번 상기하자.

셋째, 전체 맥락 안에서 아이디어가 필요한 부분이 어떤 부분인지 핵심 질문으로 명확하게 제시한다. 퍼실리테이터가 던지는 질문이 아이디어 발산의 출발점이 되기 때문에 어떤 질문으로 아이디어 도출을 시작할 것인지 심사숙고해야 한다.

넷째, 핵심 질문에 대해서 아이디어를 어떻게 이야기하도록 만들 것인지 고민한다. 참여하는 사람들의 직급, 경험의 크기에 영향을 받지 않고 참여한 사람 모두가 동등한 입장에서 의견을 낼 수 있도록 도와야 한다. 퍼실리테이터가 아이디어를 촉진하는 도구와 방법을 고민하고 적용해야 하는 시점이다.

다섯째, 아이디어 도출에서 회의를 멈출 것인지, 핵심 아이디어로 수렴하는 절차까지 갈 것인지 판단한다. 아이디어를 수렴해야 하는 상황이라면 모든 사람이 수긍하는 의사결정 프로세스를 퍼실리테이터는 고민할 수 있어야 한다.

....

무거운 책상이 강의식으로 배치되어있는 ○ ○ ○ 연수원의 A강의장을
참여와 토론이 자유롭게 이루어지는 소통의 공간으로 바꾸기 위한 아이
디어 회의를 개최하려고 한다. ○ ○ ○ 연수원 교육 담당자들이 모여 이
러한 회의를 진행한다고 할 때 퍼실리테이터로서 어떻게 준비하고 도울
수 있을까? 아래에 제시한 회의 어젠다를 확인하기 전에 퍼실리테이터
로서 여러분의 어젠다를 먼저 만들어보기를 바란다.

> ## A강의장 환골탈태를 위한 아이디어 미팅
>
> 10:00~10:10 • 아이스 브레이크
> 10:10~10:20 • 연수공간 변화의 이유와 방향성 공유 (연수원장님)
> 10:20~10:50 • 이상적인 공간의 모습 생각해보기 (To-be)
> 10:50~11:30 • 공간에 담고 싶은 것 나누기 (아이디어 발산)
> 11:30~11:40 • 아이디어 우선순위 확인
> 11:40~11:50 • 아이디어 공유
> 11:50~12:00 • 성찰

....

이 어젠다에 따라 퍼실리테이터가 회의를 진행해가는 모습을 생각
해보자. 여러분이 퍼실리테이터라고 생각하고 장면을 떠올려도 좋다.

1. 가벼운 근황 토크로 회의를 시작한다. 아이디어 도출을 위한 회의이므

로 회의 공간도 최대한 자유롭고 편안한 분위기로 자리 배치한다. 오늘의 회의 목적을 담은 문구를 미리 적어서 벽에 적어두는 것도 좋다. 회의에 오는 사람들과 그 문구를 소재로 자연스럽게 대화를 나눠도 좋다. 참여한 사람들이 '이 회의는 자유롭게 이야기해도 되는 회의구나' 하는 생각을 갖도록 하는 것이 중요하다.

2. 연수원 강의실을 개선하려는 이유와 방향성에 대해 공유하는 시간을 갖도록 한다. 연수원장님의 연설이 장황해지지 않도록 퍼실리테이터가 정신을 바짝 차리고 있어야 한다. 연수원장님 말씀이 끝날 때쯤 '우리가 낸 아이디어가 실현되겠구나' 기대하게 만드는 것이 핵심이다.

3. 이상적인 공간의 모습에 대해서 생각해보도록 한다. 그림 카드를 이용해서 본인의 생각을 이야기해보도록 돕는 방법을 쓰면 좋겠다. (시각 자극법 184쪽 참조)

4. 공간에 담고 싶은 것에 대해 이야기 나누도록 한다. 새로운 생각이 나올 수 있도록 브레인스토밍 방법 중 디딤돌 방법을 활용할 수 있도록 퍼실리테이터가 돕는다. (디딤돌 187쪽 참조)

5. 도출된 아이디어 중 비슷한 아이디어를 모으고 아이디어를 모으는 과정 중 새로운 아이디가 있으면 추가한다. (친화도법 191쪽 참조)
도출된 의견 중 투표를 통해서 우선순위에 대해서 의견을 모은다. (멀티보팅 193쪽 참조)

6. 도출된 아이디어에 대해서 참여자가 다시 한번 공유할 수 있도록 한다. (참여자가 낸 아이디어에 대해서 자부심을 느끼도록 하는 시간이다.)

7. 회의에 대한 성찰로 회의를 마무리한다.

문제해결형 회의

　정보 공유형 회의는 회의 참여자가 정보를 정확하게 이해할 수 있으면 되고, 아이디어 도출형 회의는 회의를 통해 집단지성이 발휘되어 새로운 아이디어가 만들어지도록 해야 한다. 또한 문제해결형 회의는 꼬여 있는 문제의 실마리가 찾아지고 문제해결을 위한 접근 프로세스가 구체화하도록 도와야 한다.

　이렇게 설명하면 회의 유형이 명확하게 구분되는 것 같지만 모든 회의를 세 가지 유형으로 규정짓는 것은 쉽지 않다. 아이디어 도출을 위해서는 아이디어가 필요한 상황적 맥락에 대한 정보를 공유해야 하며(정보 공유형 회의) 아이디어가 도출되더라도 이 아이디어가 실행으로 옮겨지기까지는 많은 어려움을 극복하기 위한 회의(문제해결형 회의)의 도움을 받아야 한다. 그렇다면 문제해결형 회의는 어떻게 정의할 수 있을까? 한마디로 '일이 되게끔 하는 회의'를 문제해결형 회의라고 볼 수 있겠다. 주어진 문제 상황이 너무 복잡하여 어디부터 손을 대야 할지 알지 못하는 상황에서 문제해결을 위한 접근 방법을 찾고자 하는 회의도 문제해결형 회의이고, 실행 아이디어를 현장에 적용하는 데 있어 예상 장애요인을 찾고 이를 극복하기 위해 참여자의 역할을 구체화하는 것도 문제해결형 회의이다. 이러한 문제해결형 회의를 퍼실리테이터는 어떻게 도와야 할까? 퍼실리테이터는 문제해결형 회의를 두 가지 관점으로 접근할 필요가 있다.

　첫 번째 관점 무엇이 진짜 문제인지 명확하지 않은 상황에서 문제의 핵심을 파악하기 위한 회의

두 번째 관점 도출된 아이디어의 현장 적용을 위한 예상 장애요인을 극복하고 실행을 촉진하기 위한 회의

퍼실리테이터는 이 두 가지 관점에서 진행되는 문제해결 회의를 도울 때 접근하는 방법이 달라야 한다. 진짜 문제를 파악하기 위한 문제해결 회의에서는 '포커싱 Focusing'이라는 단어를 염두에 둔다. 여러 가지 문제 상황을 참여자가 공유하고, 문제의 본질을 찾아갈 수 있도록 도우며 이를 통해 문제해결을 위한 핵심을 파악하도록 돕는 것(포커싱하도록 돕는 것)이 퍼실리테이터의 역할이다.

아이디어 실행 및 현장 적용을 위한 회의를 도울 때는 What/How/When/Who 관점에서 회의 결과가 도출되도록 지원한다. 공통으로 합의한 문제해결 아이디어가 현장에 적용될 수 있도록 하려면 회의 참여자들이 명확하게 역할을 구분하고 실행할 수 있도록 하는 절차를 퍼실리테이터가 지원해야 한다.

Example ....

A기업에서 조직문화 진단 및 개선에 대한 미션을 받은 ○○○ 팀장이 다섯 명의 프로젝트 팀원들과 킥오프 회의를 갖게 되었다. 프로젝트의 목적/범위/수행 프로세스에 대해 팀원들과 처음 이야기를 나누는 자리이다. 처음 만나는 킥오프 미팅의 성격상 일방적인 내용 전달도 아이디어 도출이 필요한 것도 아니다. 프로젝트 접근 방법을 명확하게 하고 향후 프로젝트를 진행해나갈 프로세스를 정교하게 협의하는 자리이니 문제해결형 회의라고 볼 수 있다. 여러분은 회의 퍼실리테이터로서 이 회

의를 어떻게 도울 수 있을까? 아래에 제시한 회의 어젠다를 확인하기 전에 퍼실리테이터로서 여러분의 어젠다를 먼저 만들어보기를 바란다.

조직문화 TFT(테스크포스 팀) 킥오프

09:00~09:15 • 아이스 브레이크
09:15~09:30 • 프로젝트 취지/목적/기대 결과물 이해
09:30~10:00 • 조직문화 기본 이해 (눈높이 맞추기)
10:10~10:30 • TFT 성공의 정의+도출해야 할 결과물 합의
10:30~11:00 • TFT에서 해야 할 일 구체화
11:00~11:30 • TFT 활동 프로세스 디자인 (전체 일정 수립)
11:30~11:50 • 다음 미팅까지 개인별 역할 명확화
11:50~12:00 • 성찰

이 어젠다에 따라 퍼실리테이터가 회의를 진행해가는 모습을 생각해보자. 여러분이 퍼실리테이터라고 생각하고 장면을 떠올려도 좋겠다.

1. 프로젝트에 함께하게 된 것에 대한 감사 인사로 시작한다. 각자가 회사 안에서 담당해왔던 업무와 본인이 이 프로젝트에 함께하게 된 이유를 스스로 어떻게 생각하고 있는지 이야기 나누어보도록 한다. 진지하지만 가벼운 대화로 시작하도록 돕고 전체적인 회의는 무겁지 않도록 안내한다.

2. 적절한 타이밍에 프로젝트 취지, 목적, 기대 결과물에 대해 설명한다. 프로젝트 담당 임원이 있으면 직접 와서 설명하도록 하는 것도 좋다. 프로젝트 팀원이 궁금한 사항을 자유롭게 질문하도록 분위기를 만들어가

는 것이 중요하다.

3. 조직문화에 관하여 프로젝트 팀원들의 눈높이를 맞추기 위해 간단한 강의나 자료 공유를 통해 학습하는 시간을 가질 수 있다. (이 과정을 효율적으로 진행하는 방법은 위에서 제시한 정보 공유형 미팅을 참고하기 바란다.)

4. TFT가 어떤 결과물을 도출했을 때 프로젝트를 성공으로 볼 수 있을지 이야기를 나눠본다. 빅마우스에 치우쳐 이야기가 흘러가지 않도록 명목집단법을 활용하여 진행한다. (명목집단법 165쪽 참조)

5. TFT에서 어떤 일들을 해야 하는지 이야기를 나누고 수렴해나간다. 퍼실리테이터로서 의사소통과 수렴이 자유로울 수 있도록 촉진한다. (명목집단법 165쪽 참조, 멀티 보팅 193쪽 참조)

6. TFT 전체 일정에 대한 협의를 진행한다. 차트에 프로젝트 기간을 월 단위, 주 단위로 그려두고(퍼실리테이터로서 차트를 그려야 할 시점이다.) 그때까지 해야 할 것들을 합의하여 정리한다.

7. 다음 미팅까지 개인별로 해야 할 역할에 대해서 정리하고 합의한다. (What/How/When/Who)

8. 프로젝트 킥오프 미팅에 참여한 소감과 각오를 나누면서 미팅을 마무리한다.

퍼실리테이터가 사용하는
비장의 무기들

　　퍼실리테이션은 촉진하는 행위를 말한다. 미팅이 잘 이루어지도록 촉진하고, 학습자가 스스로 배움을 자각해갈 수 있도록 촉진하며, 문제해결 과정을 촉진한다. 그 촉진의 행위를 잘하는 사람이 퍼실리테이터이다. 퍼실리테이터는 주인공이 아니다. 퍼실리테이터는 미팅의 과정, 학습의 과정, 문제해결의 과정이 잘 이루어지도록 돕는 조력자이다. "저 사람이라면 이번 미팅을 의미 있게 만들 수 있겠어." 하는 확신을 줄 수 있는 사람이 퍼실리테이터이다.

　　퍼실리테이터가 조력자의 역할을 제대로 할 수 있으려면 무엇을 해야 할까? 우리는 앞에서 퍼실리테이터가 제대로 역할을 하려면 의사소통, 의사결정, 문제해결, 갈등관리 역할을 제대로 수행할 수 있어야 함을 이야기했다. 이 역할을 잘 수행하려면 퍼실리테이터는 어떤 능력을 지녀야 할까? 이 질문에 대해서도 우리는 10가지 역량 모델을 기반으로 살펴보았다. 이 부분에서 또 하나의 궁금증이 생긴다. 의사소통, 의사결정, 문제해결, 갈등관리 과정을 잘 촉진하는 것이 퍼실리테이터가 하는 일이라는 것은 알겠는데 "도대체 어떻게 하면 그 일을 잘할 수 있을까?" 하는 'HOW'에 관한 질문이다.

이를 위한 답을 얻기 위해 이번에는 퍼실리테이터가 퍼실리테이션 현장에서 사용할 수 있는 기법과 도구를 살펴볼 것이다. 이 기법과 도구는 우리 네 명의 저자가 퍼실리테이션 현장에서 십수 년간 활용하여 검증한 것이며, 이를 독자 여러분이 쉽게 이해하고 시도해볼 수 있도록 상세하게 설명할 것이다. 설명의 방법은 퍼실리테이터의 역할 수행을 돕는 기법과 도구에 대한 정의와 더불어 어느 상황에서 적용할 수 있는지, 어떤 절차와 방법으로 사용해야 하는지, 사용할 때 유의 사항은 무엇인지에 대한 것으로 했다.

퍼실리테이터가 활용할 수 있는 기법과 도구에 대한 설명을 시작하기 전에 이 글을 읽는 여러분에게 말해두고 싶은 것이 있다.

첫째, 퍼실리테이션 기법과 도구 이해하기

퍼실리테이션 기법과 도구를 명확히 아는 것이 출발이다. 퍼실리테이터는 기법과 도구의 사용 방법에 대한 정확한 이해가 선행되어야 한다. 레시피가 요리의 전부는 아니지만 레시피에서 출발했을 때 요리에 쉽게 접근할 수 있는 것처럼 퍼실리테이션 기법과 도구가 전부는 아니지만 이러한 기법과 도구를 완전히 내 것으로 만들어놓고 퍼실리테이션 상황에 유연하게 적용할 수 있다면 좋은 퍼실리테이션에 한 걸음 더 다가갈 수 있다.

둘째, 퍼실리테이션 기법과 도구의 목적 이해하기

퍼실리테이터 역할 수행을 촉진하는 방향으로 기법과 도구가 활용되어야 한다. 앞에서 퍼실리테이터가 해야 하는 역할을 의사소통 촉진, 의사결정 촉진, 문제해결 촉진, 갈등관리 촉진, 네 가지로 제시했다. 이 네 가지 역할의 목적이 무엇인지 깊이 고민하는 것에서 기법과 도구의 활용이 시작되어야 한다. 의사소통을 촉진한다는 것은 회의 혹은 교육 참여에 단 한 명의 낙오자가 없어야 함을 의미하고, 의사결정을 촉진한다는 것은 결정의 과정에 모든 사람의 의사가 반영될 수 있는 절차적 공정성을 가져야 한다는 의미이다. 문제해결을 촉진한다는 것은 퍼실리테이터가 존재함에 따라 문제해결에 도달하는 과정이 더 효율적이고 효과적이어야 함을 말하며, 갈등관리를 촉진한다는 것은 사람들이 부정적인 추론에 휩싸이지 않고 본인의 생각을 심리적 안전감의 기반 아래 논의될 수 있도록 해야 함을 의미한다. 퍼실리테이터는 이 네 가지 목적을 달성하는 방법으로서 기법과 도구가 의미 있음을 주지해야 하며, 그래야만 기법과 도구 활용이 현란한 개인기로 보이지 않고 퍼실리테이션에 도움이 되는 행위로 인정받을 수 있다.

셋째, 적절한 순간에 적절한 기법과 도구 사용하기

퍼실리테이션 기법과 도구 활용은 물 흐르듯 자연스러워야 한다. 퍼실리테이션 교육을 받고 현장에서 활용해 보겠노라고 의욕이 넘치는 주니어 퍼실리테이터에게 강조하는 것이 있다. 교육받은 내용을 현장에 참여한 사람에게 가르치지 말고 퍼실리테이터로 역할을 수행하는 것에 집중하라는 것이다. 교육받은 리더십에 대해 일장 설명하는 것보다 리더로 변화된 모습을 보여주는 것이 더 중요한 것처럼, 퍼실리테이션 교육에서 배운 내용을 미팅 참여자에게 설명하지 말고 제대로 된 퍼실리테이터로서 역할을 수행하는 것이 더 중요하다. 처음부터 포스트잇을 꺼내 놓고 "미팅에서는 참여가 중요하잖아요. 제가 지난주에 교육을 받아보니 포스트잇이 정말 탁월한 도구더라고요. 오늘 이 도구를 활용해볼게요." 하고 시작하는 것이 아니라, 미팅을 진행하는 과정에서 의사 소통상 어려움에 봉착했을 때 "우리 각자의 생각을 포스트잇에 기록해본 다음에 논의를 더 진행해볼까요?" 하고 제시하는 것이 더 탁월한 접근방법이다.

의사소통 촉진을 위한 기법과 도구

"학습자들이 교육에 적극적으로 참여하도록 만들고 싶습니다. 수동적으로 듣기만 하는 학습자가 아니라 본인의 생각을 활발히 개진하고, 동료와 함께 소통하는 수업을 만들고 싶어요.",

"회의를 진행할 때 혼자 발언권을 독점하는 빅마우스도 없어야 하지만, 회의에 소극적인 사람도 없도록 만들고 싶어요. 회의에 방관자처럼 한걸음 떨어져 있는 사람들을 미팅 안으로 데려올 수 없을까요?"

의사소통 촉진의 목적은 단 한 명도 교육(혹은 회의)에서 낙오자가 없도록 만드는 것이다. 의사소통 촉진을 위한 기법과 도구는 이러한 목적을 달성하기 위해서 활용되는 것이 타당하다.

의사소통을 촉진하는 기법과 도구는 크게 대화 촉진을 위한 부분과 아이디어를 촉진하는 부분으로 나눌 수 있다.

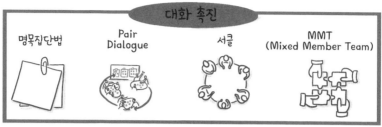

　　　　회의 때 이루어지는 최악의 상황에 대해서 질문했던 적
이 있다. 여러 사람의 목소리를 정리해보면 아래와 같다.

목소리 큰 사람의 의견이 전체의 의견인 것처럼 왜곡됩니다. 분명 더 좋은 생각이 있을 텐데 참여하는 사람이 의견을 제시하지 않으니 회의 주관자 혼자 북 치고 장구 치고 합니다. 회의 참여자 중 한 사람에게 의견을 요청했는데 다른 참여자들은 발언자의 이야기를 경청해서는 듣는 것이 아니라 다음에 본인이 해야 할 발언 내용을 생각하고 있습니다. 모든 사람이 돌아가면서 의견을 이야기하기는 했는데 제대로 공유했다는 생각이 들지 않습니다. 막내는 이야

이러한 상황에서 퍼실리테이터가 쓸 수 있는 가장 큰 무기가 명목집단법이다. 명목집단법이란 집단 의사결정에서 구성원 간에 의도적으로 토론이나 의사소통을 하지 못하게 하여 각 구성원이 서로 영향을 받지 않은 상태에서 진실로 생각하는 바를 제시하는 방법을 말한다.

다시 말해 참가자 각자가 다른 사람과 이야기하지 않고 (침묵 속에서) 토의 주제에 대한 자기 생각을 정리할 수 있도록 일정한 시간을 부여하는 방법이다. 의사소통을 효율적으로 촉진하기 위함이 목적이지만 NGT가 진행되는 동안에는 팀원 간의 상호작용이 허용되지 않기 때문에 '명목'이라는 단어가 사용되었다. 이슈에 대한 자신의 의견을 깊이 생각해보도록 돕기 위해서 명목상으로만 집단인 상태를 유지하는 방법이기 때문에 명목집단법이라 불린다. 우리가 회의 시간에 포스트잇을 활용하여 의견을 적어보고 공유하도록 하는 것이 명목집단법의 대표적인 사례로 볼 수 있다. 명목집단법은 빅마우스가 미팅 과정에서 관찰되어서 회의가 그 사람 주도로 흘러갈 위험이 있을 때, 또 회의에 적극적으로 참여하지 않는 방관자가 보일 때 효과적으로 활용할 수 있다.

명목집단법을 활용하는 절차는 다음과 같다.

> 지금부터 ○○○ 주제에 대해서 조금 더 깊이 논의를 진행하려 합니다.
>
> ○○○ 주제 관련해서 더 이해가 필요한 부분은 질문해도 좋습니다.

▶ 퍼실리테이터가 함께 논의가 필요한 토의 주제를 제시한다. 미팅 참여자가 그 토의 주제에 대해서 정확하게 이해하게 하는 것이 중요하다. 필요하면 토의 주제 이해를 위한 질문을 받을 수 있다.

> ○○○ 주제에 대해서 5분 동안 본인의 생각을 정리하는 시간을 갖도록
>
> 하죠. 앞에 놓인 포스트잇에 생각하고 있는 바를 적어주세요.

▶ 참가자에게 생각을 정리할 수 있는 시간을 부여한다. 다른 참여자에게 영향받지 않고 오로지 본인의 생각을 고민할 수 있는 시간을 주는 것이 중요하다.

> 포스트잇에 정리할 때는 포스트잇 한 장에 하나의 생각만 적어주시고
>
> 굵은 펜을 이용하여 잘 보이게 적어주세요.

▶ 포스트잇에 의견을 적는 방법을 사전에 안내하면 논의 내용을 정리해가는 데 도움이 된다.

> 정리된 내용을 공유하겠습니다. 의견에 대한 판단은 유보하고 의견을
>
> 제시하는 사람이 어떤 맥락과 생각을 가지고 그 의견을 이야기하는지
>
> 에 집중해주세요.

▶ 포스트잇에 적힌 내용이 함께하는 사람들과 제대로 공유될 수 있도록 돕는다. 미팅 참여자들은 본인의 의견을 정리한 포스트잇을 가지고 있기 때문에 다른 사람의 의견에 조금 더 집중할 수 있다. 팀의 막내 의견이 궁금하다면 발언의 순서를 막내부터 시작하면 된다. 이때 유의할 사항은 절대로 의견에 대해 비판해

서는 안 된다는 점이다. 틀린 의견이 아니라 다른 의견이다.

> 비슷한 의견끼리 모아볼까요? 모은 의견에 대표하는 제목을 붙여도 좋습니다.

▶ 의사소통을 촉진하는 방법을 고민할 때 의견을 수렴하는 방법도 함께 고민하는 것이 필요하다. 명목집단법을 통해 의견을 나누면 비슷한 의견끼리 묶고 정리해보는 작업이 전체적인 논의의 흐름을 파악하는 데 도움이 된다. 또한 이 과정을 통해 논의에서 빠진 부분이 있는지 살필 수도 있다.

<table>
<tr><td>의사소통 촉진</td><td>대화 촉진</td><td>페어 다이얼로그(Pair Dialogue)</td></tr>
</table>

　　　　　　　　　　10명 이상이 참석하는 미팅을 진행하게 되면 발언 시간 배분에 대해 고민하게 된다. 한 사람당 3분만 이야기해도 30분의 시간이 흘러가는 상황, 발언 시간을 초과하여 말하는 사람까지 고려한다면 이러한 고민은 더욱 깊어진다. 이 상황에서 퍼실리테이터가 사용할 수 있는 방법은 무엇일까?

　함께 생각을 정리할 동료 그룹을 만들어 회의를 진행하는 것이 훌륭한 대안이 될 수 있다. 예를 들어 18명이 참여한 미팅에서 참가자들의 의견을 공유하고자 할 때 3명씩 6개 그룹을 만들어서 그룹별로 해당 주제에 대한 논의를 진행하도록 한 다음 논의 결과를 공유하도록 하면 효율적인 진행이 가능하다. 작은 단위로 참가자들을 나누어서 의견을 나누도록 하고 그 논의 결과를 전체 참가자와 공유하도록 하는 것이다.

또한 페어 다이얼로그는 작은 그룹으로 나누어 생각을 정리하도록 하므로 전체 참가자 앞에서 자기 생각을 이야기해야 한다는 부담에서 벗어나 자연스러운 의견 개진이 가능하다. 페어 다이얼로그를 진행하는 절차는 다음과 같다.

> 지금부터 주변에 있는 사람과 세 명씩 짝을 지어보겠습니다. 짝지어진 분들이 오늘 미팅에서 한 모둠입니다. 모둠 구성원들과 간단하게 인사하는 시간을 갖겠습니다.

▶ 모둠으로 묶인 사람들이 오늘 회의 과정에서 하나의 팀으로 활동할 수 있도록 마음을 여는 시간을 마련한다. 간단한 소개 시간을 갖거나 회의에 대한 기대사항을 나누어도 좋다. 모둠 안에서 대화를 이끌어가야 하는 사람이 명확하지 않아서 서로 눈치 보는 상황이 발생할 수도 있으므로 소그룹 안에서 대화 촉진자(퍼실리테이터)를 정하도록 하는 것도 중요하다.

> ○○ 주제에 대한 전체 의견을 모으기 전에 모둠별로 이야기를 나눠주세요. 모둠에서 논의하는 시간은 10분 드리도록 하겠습니다. 모둠에서 오고 간 이야기 중 핵심이 되는 부분을 포스트잇에 적어주세요.
>
> (포스트잇을 활용한 회의를 하겠다고 한 경우에만 해당함)

▶ 모둠에서 논의해야 하는 시간을 명확하게 제시한다. 또한 모둠별로 어떤 주제에 대해 이야기하고 논의 결과는 어떻게 정리해서 공유해야 하는지 정확하게 공지해주는 것이 필요하다. 모둠에서 논의가 끝난 내용을 구두로 공유할 수도 있고* 포스트잇을 활용하여 시각적으로 정리할 수도 있다.

---

* 이 경우 모둠에서 나온 이야기를 화이트보드에 기록하는 기록자가 존재하면 회의를 원활하게 이끌 수 있다. 때로는 퍼실리테이터가 이 역할을 수행하기도 하지만 퍼실리테이터가 전체 프로세스를 조망하고 이끌어야 함을 고려할 때 기록자는 별도로 두는 것을 권한다.

> 모둠에서 논의된 내용 중 핵심적인 내용, 전체와 공유해야 할 부분에 대해서 모둠 대표가 공유하도록 하겠습니다.

▣ 모둠에서 논의된 내용이 전체 참여자에게 공유되도록 프로세스를 돕는다. 팀에서 발표자를 정하도록 하는 것이 가장 이상적이다. 발표 방법과 발언 시간에 대한 기준을 사전에 공지하고 진행한다. 모둠 발표가 길어질 경우에는 적절한 신호를 줘서 시간 안에 발언이 마무리되도록 한다.

의사소통 촉진 **대화 촉진** **서클(Circle)**

캠핑에 가서 불 주위에 둘러앉아 도란도란 이야기를 나눠본 경험이 있는가? 불 주위에 둥그렇게 둘러앉았을 뿐인데 사람들의 이야기에 조금 더 귀를 기울이게 되지 않던가? '피어스피릿 서클 프로세스'의 공동 창안자인 크리스티나 볼드윈Christina Baldwin과 유능한 퍼실리테이터인 앤 리니아Ann Linnea는 둥글게 둘러앉는 것만으로도 사람들은 놀랄 만큼 적극적으로 참여하고 지혜롭게 말하며 좋은 생각을 나눌 수 있음을 강조했다.[30]

퍼실리테이터의 중요한 역할 중 하나가 효율적으로 의사소통을 촉진하는 것임을 고려할 때 서클의 형태로 의사소통을 진행하는 것은 한 단계 더 깊은 대화로 참여자들을 안내하기 위한 중요한 방법이 될 수 있다. 서클을 운영하는 핵심은 모든 사람이 서로를 바라볼 수 있도록(눈을 마주칠 수 있도록) 자리를 배치하고, 각자가 이야기하는 주장이 특정한 사람을 향하지 않고 서클의 중심부로 발산되도록 하며(누군가를 공격하는 발언이 아니라 둘러앉은 공동체를 향한 발언임을 인식할 수 있도록), 말하기 도구를 이용하여 한 사람씩 이야기하고 또 그 사람의 이야기를 진실하게 들어주는 것이다.

이를 효율적으로 진행하기 위해 크리스티나 볼드윈과 앤 리니아는 서클의 모임을 주도하고 서클 프로세스를 함께 이끌어가는 사람으로 호스트(모임의 주최자), 가디언(모임이 제대로 이루어지도록 하는 수호자), 기록자(모임의 주요 의사결정 사항의 기록자)를 제시했고, 리더 역할 돌아가기, 책임을 공동으로 지기, 총체성을 신뢰하기라는 세 가지 원칙을 기반으로 주의 깊게 듣기, 의미를 가지고 말하기, 그룹의 안녕에 동참하기라는 행동수칙을 제시했다.

이를 퍼실리테이터 관점에서 해야 할 행동으로 구체화하면 먼저 자리 배치를 둥그렇게 만들고, 대화의 방향이 특정 대상자를 향하지 않고 모임의 중심부로 향하도록 만들며, 한 사람씩 돌아가면서 이야기하고 또 그 이야기에 집중하도록 촉진하는 것을 들 수 있다. 혹자는 "이렇게 모임을 이끌면 포스트잇이 하나도 쓰이지 않는 회의가 되겠네요. 그래도 퍼실리테이터가 제대로 역할을 한 것인가요?" 하고 물을 수도 있겠다. 이러한 질문은 '퍼실리테이션은 포스트잇을 사용하는 회의'라는 선입견을 품을 때 나올 수 있는 질문이다. 포스트잇이 하나도 활용되지 않으면 어떤가? 퍼실리테이터의 주요한 역할이 의사소통을 촉진하는 것임을 고려할 때 서클은 훌륭한 퍼실리테이션 방법 중 하나다.

퍼실리테이터션 과정에서 서클을 적용하는 과정은 다음과 같다.

자리 배치를 조금 바꿔보죠. 우리가 서로를 조금 더 잘 볼 수 있도록 서클 형태로 만들겠습니다. 중간에 테이블을 치우고 의자만 가지고 모이겠습니다. 옆의 동료들을 볼까요? 모든 동료와 눈을 마주칠 수 있으면 제대로 자리가 배치된 겁니다. 서클 중간에 물음표, 느낌표가 새겨진 쿠션은 우리 서클이 자유롭게 묻고 함께 발견해가야 하는 미션을 가지고 있음을 보여주는 상징물입니다.

▶ 회의 전에 자리 배치를 서클로 할 수 있고, 참여한 사람들과 더 의미 있는 대화를 위해 자리 배치를 함께 변경할 수도 있다. 참여한 사람들 사이에 장애물이 없도록 하는 것이 중요하다. 서클 가운데에 팀원들 간의 대화가 머무는 곳(팀원들이 본인의 의견을 내놓는다고 생각할 수 있는 상징물)을 만들어두는 것도 필요하다. 예를 들어 물음표, 느낌표 같은 상징물은 어떤 의견도 서클 안에서 제시할 수 있음을 직관적으로 알려주는 역할을 한다.

오늘 우리가 함께 의견을 모아볼 주제는 ○○○입니다. 주제에 대해서 궁금한 사항이 있으면 질문해주세요.

▶ 논의할 주제를 명확하게 한다. 모든 사람이 논의 주제를 명확하게 인지해야만 대화 과정에서 초점이 흐려지지 않는다.

오늘 우리의 대화 과정에서 기록자 역할을 해주실 ○○○입니다. 우리가 논의하는 과정에서 주요한 의사결정 사항을 이젤 패드에 기록해주실 겁니다. 한 분 더 소개해드릴게요. 우리가 정한 대화의 규칙이 지켜지지 않을 때 '잠시 멈춤'을 제시하고 우리에게 주의 환기를 시켜줄 모임의 수호자 ○○○입니다.

➡ 서클 대화를 의미 있게 이끌어갈 조력자를 선정한다. 사전에 조력자 역할을 할 사람에게 요청해둘 수도 있고, 역할을 설명한 다음 현장에서 조력자를 선정할 수도 있다.

> 서클의 대화가 효율적으로 이루어지기 위한 원칙을 잠시 설명하겠습니다. 우리의 서클 대화는 지금 제가 보여드리는 인형을 손에 들고 있는 사람만 발언합니다. 발언 시간은 개인당 3분을 초과하지 않습니다. 당연히 모든 분이 발언하는 사람에게 집중해야겠지요. 발언할 때는 특정 사람을 향한 발언이라고 생각하지 말고 우리 서클의 중간에 본인의 발언을 꺼내놓는다고 생각하면 됩니다. 우리가 이야기하는 것은 누군가를 공격하는 발언이 아니라 함께 모인 참가자들의 공통 문제를 해결하기 위함임을 잊지 마세요.

➡ 효율적인 서클 대화를 위해서 지켜야 할 규칙을 함께 공유한다. 이외에 효율적인 대화 촉진을 위한 규칙이 있다면 추가할 수 있다.

> 지금부터 첫 번째 서클 대화를 시작하겠습니다. 첫 번째 라운드는 ○○시 ○○분까지 진행하도록 하겠습니다.

➡ 퍼실리테이터로서 전체 서클 대화의 흐름을 조망하고 대화 안에서 협업의 포인트를 찾으며 주제 관련 의견의 발산과 수렴이 적절하게 이루어지도록 촉진한다.

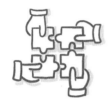

　　두 시간 동안 16명이 참여하는 워크숍에서 네 가지 테마의 정보 공유가 이루어지는 상황을 생각해보자. 워크숍이 성공적으로 이루어졌는지 판단할 수 있는 기준은 네 가지 테마에 참여한 사람들이 제대로 이해하고 궁금한 사항에 대해서 충분히 질문할 기회를 갖게 된 상황일 것이다. 어떻게 워크숍을 설계할 것인가?

　　가장 쉬운 방법은 25분씩 시간을 배정해 돌아가면서 주제 발표를 진행하고 하나의 발표가 끝날 때마다 간단한 질의응답을 진행하는 것이다. 아마 대부분의 사람이 이런 형태로 워크숍을 디자인할 것이다.

　　잠시 눈을 감고 그렇게 진행되는 워크숍을 생각해보자. 어떤 모습이 떠오르는가? 발표하는 사람만 열심히 참여하는 워크숍, 질의응답 시간이지만 질문하는 것에 대한 부담감으로 서로 눈치만 보는 워크숍이 떠오르지 않는가?

　　다른 방법으로 워크숍을 디자인해보자. 네 명씩 총 네 개 그룹으로 팀을 나누고 네 개 테마가 네 개 그룹 안에서 공유되도록 만든다. 발표자는 전체 앞에서 발표하지 않고 네 명의 그룹 안에서만 공유한다. 테이블에서 공유하기 때문에 공식적인 느낌의 발표가 아닌 친절한 설명의 장으로 만들 수 있다. 테이블에 있는 사람들도 좀 더 편한 분위기에서 질문할 수 있음은 당연하다. 그런데 질문이 생긴다. "내가 듣지 못한 나머지 세 개 테마의 공유는 어떻게 하지?"

　　이때 활용할 수 있는 방법이 MMT이다.

[표 10] MMT 진행 방법

기존팀 MMT	1팀	2팀	3팀	4팀
A팀	1	1	1	1
B팀	2	2	2	2
C팀	3	3	3	3
D팀	4	4	4	4

이해를 돕기 위해서 [표 10]를 참고해보자. 처음 워크숍 때 구성된 네 개 팀(1~4팀) 안에는 1주제부터 4주제까지 네 개의 주제 발표자가 들어 있다. 이들은 20분의 시간이 주어졌을 때 팀 구성원들에게 해당 주제에 대한 내용을 공유하고 질의응답을 통해서 팀 구성원들이 해당 내용을 명확하게 이해하였음을 확인한다. 공유가 끝나고 나면 각 팀에서 한 명씩 선정하여 새로운 팀을 구성한다. 쉽게 말해 각 팀의 1번 사람은 A팀으로 묶이게 되고, 각 팀의 2번 사람은 B팀으로 함께하게 된다. 이제 그림이 보이는가? 새롭게 구성된 A~D팀 안에는 1주제에서 4주제까지 내용을 알고 있는 사람이 존재하게 된다. A~D팀 안에서 1주제부터 4주제까지 팀 구성원들끼리 서로 내용을 공유하고 상호 질의응답이 이루어지도록 도우면 참여자 간에 더 깊은 상호작용이 가능해진다. 다시 한번 눈을 감고 생각해보자. 어떤 워크숍이 보이는가? 모든 사람이 발표하고, 모든 사람이 질의응답 하는 전원 참여 워크숍이 보이지 않는가? 이렇게 진행하는 방법을 우리는 MMTMixed Member Team라고 부른다.

MMT로 진행하는 회의는 소규모 팀 안에서 논의가 진행되기 때문에 참여자들이 심리적으로 편한 상태에서 무임승차 없이 깊은 상호작용을 촉진할 수 있다. MMT를 제대로 활용하려면 사람들의 동선과 시간 계획을 구체적으로 디자인해야 한다. 진행 시나리오를 명확하게 설계하고 참여자들을 안내할 수 있어야 혼란을 방지할 수 있다.

MMT를 활용해 워크숍을 진행하는 절차는 다음과 같다.

> 오늘 우리 워크숍은 네 개 테마의 주제를 공유하고 깊이 이해하는 프로세스로 진행하겠습니다. 오늘 네 개 테마 주제 발표를 담당해줄 분들을 소개할게요. 박수로 환영하겠습니다. 오늘 워크숍은 발표자가 네 개 주제를 전체 앞에서 공유하는 것이 아니라 소그룹 안에서 공유하고 이를 참여자가 다른 분들에게 전달하는 형태로 진행합니다. 우리가 네 개 테마에 대해서 이해한 바를 동료 참여자와 나눌 수 있을 때 더 깊이 있는 이해가 가능하겠지요. 쉽게 이야기하면 오늘 워크숍은 수동적으로 듣고 끝나는 워크숍이 아니라 모두가 참여하는 워크숍입니다. 테이블 안의 주제 발표자를 다시 한번 박수로 환영하겠습니다.

▶ 워크숍을 MMT 방식으로 진행하는 것의 중요성을 참여자들이 이해하도록 설명한다. 네 가지 테마를 참여한 사람들이 제대로 알도록 하는 것이 중요한 워크숍일수록 MMT를 적용하는 것이 효율적이다. 짧은 시간 안에 주제 발표를 듣고 전달 내용을 확실히 이해하는 것이 힘들다고 판단할 경우 워크숍 시작 전에 네 개 테마에 대한 주제 발표 자료를 미리 배부해 읽고 오도록 요청할 수 있다. 네 개 팀에서 진행되는 주제 발표는 발표자의 일방적 전달에 그치지 않도록 하고, 주제 발표자와 참여자 간의 밀도 있는 대화가 이루어지도록 하는 것이 중요하다. 각 팀에서 논의한 주제를 어떻게 다른 참여자에게 전달할지 전략을 세우도록 하는 것도 의미 있는 시도이다.

> 새롭게 팀을 만들도록 하겠습니다. 앞에 적어둔 팀 편성표를 참고해주
> 세요. 예를 들어 각 팀의 1번은 새롭게 A팀으로, 각 팀의 2번은 B팀으
> 로 이동하면 됩니다.

◼️ 새롭게 구성된 MMT 팀으로 이동하여 자리할 수 있도록 안내한다. 참여자들이 우왕좌왕하지 않도록 자리를 이동하기 전에 본인이 어디로 이동해야 할지 명확하게 알 수 있게 한다.

> 새롭게 구성된 팀의 팀원들과 잠깐 인사하는 시간을 갖도록 하겠습니
> 다. 보셔서 아시겠지만 각 팀에는 네 개 테마의 주제를 이야기해줄 수 있
> 는 분들이 모두 포진해있습니다. 내가 이해한 주제 내용을 팀원들에게
> 안내하고 서로 질의응답 하는 시간을 갖겠습니다.

◼️ 새롭게 구성된 팀원들과 아이스 브레이크 시간을 가진다. 새롭게 구성된 팀에서 미팅 진행이 어떻게 이루어질 것인지에 대해 명확하게 이해하도록 돕는다.

> 각 팀의 첫 번째 주자가 발표하겠습니다. 첫 번째 발표는 1번 주제에 관
> 련된 내용입니다. 발표 시간은 7분, 질의응답 시간은 13분을 갖도록 하
> 겠습니다.

◼️ 시간 계획에 따라 MMT 미팅을 진행한다. 전체 진행 시간에 대한 어젠다를 이젤 패드에 기록하거나 프로젝트 화면에 띄워 둔다. 각 팀의 진행을 돕는 테이블 퍼실리테이터를 선정하는 것도 도움이 된다.

> 원래 팀으로 돌아가겠습니다. 네 개 테마 주제공유를 통해서 알게 된 주요 사항에 대해서 다시 한번 정리하는 시간을 갖도록 하겠습니다. 이와 더불어 오늘 미팅의 성찰도 함께 진행해주세요.

▣ 원래 팀으로 돌아가도록 한다. MMT 팀을 통해 공유한 내용 중 반드시 알아야 할 주요 내용을 다시 한번 정리한다. 워크숍 전체 성찰로 마무리한다.

의사소통 촉진 　 아이디어 촉진 　 브레인스토밍(Brainstorming)

　　뇌에 폭풍을 일으키듯 새로운 접근방법을 통해 특정 주제에 대해서 다양한 생각을 나누고 이를 통해 답을 찾아가는 과정을 브레인스토밍이라 한다. 광고 전문가였던 알렉스 오스본이 1948년에 저술한 《Your Creative Power》에서 처음 제시했다. 브레인스토밍에서 강조하는 것은 가능한 한 많은 숫자의 아이디어를 얻는 것에 집중하라는 것이다. 이를 위해 제시되는 의견에 대한 판단을 보류하고 의견에 대해 비난하지 않으며 다른 사람의 아이디어를 딛고 또 다른 아이디어를 얻도록 만드는 과정을 중요하게 여긴다.

　　알렉스 오스본이 제시한 브레인스토밍의 네 가지 규칙을 살펴보면 다음과 같다.

· **질보다 양** : 많은 숫자의 아이디어가 나올수록 효과적인 아이디어가 나올 확률이 높아짐을 전제로 한다.

- **비판비난 자제** : 아이디어를 제시하는 과정에서 아이디어를 판단하게 된다면 자유로운 분위기에서 다양한 생각을 꺼내놓는 데 제약을 받을 수 있다. 브레인스토밍 단계에서는 아이디어를 확장하는 것에 집중한다.
- **독특한 아이디어 환영** : 기존 고정관념에 사로잡히지 않은 새로운 아이디어에 오픈 마인드를 갖는다. 새로운 아이디어는 기존의 익숙했던 것을 다르게 바라보는 것에서부터 시작할 수 있다.
- **아이디어의 결합과 개선** : 처음 오가는 의견이 좋은 의견일 확률은 희박하다. 의견을 딛고 새로운 의견을 내는 것에 주저함이 없어야 한다. 아이디어를 연결하고 아이디어를 딛고 사고할 수 있어야 새로운 아이디어가 나올 수 있다.

미팅 과정에서 아이디어를 촉진하는 것이 필요한 순간이 있다. 이때 퍼실리테이터는 효과적으로 브레인스토밍을 이끌어야 한다. 자유로운 분위기에서 아이디어가 쉼 없이 도출되는 미팅을 어떻게 디자인하고 이끌 수 있을까? 브레인스토밍을 진행하는 절차는 다음과 같다.

최근에 내 심장을 뛰게 하는 것이 무엇인지 하나씩 공유하고 시작할까요? 개인당 1분씩 이야기해보죠.

▶ 가벼운 아이스 브레이크로 브레인스토밍을 시작한다. 참여한 사람들의 어깨에 힘이 잔뜩 들어가 있으면 제대로 된 논의가 진행될 수 없다.

오늘 여러분의 아이디어가 필요한 이슈는 ○○○입니다. 배경 설명을 잠깐 드릴게요. (중략) 오늘은 ○○○ 부문에 있어서 여러분의 반짝반짝한 아이디어가 필요합니다.

➡ 브레인스토밍이 필요한 주제를 명확하게 한다. 여러 주제를 가지고 동시에 브레인스토밍을 진행하는 것은 비효율적이다. 한 번에 하나의 주제만 다룰 수 있도록 한다. 그 한 주제를 제대로 제시하는 것이 핵심이다. 핵심 주제를 제시할 때 HMW(How might we~) 질문을 활용하는 것도 도움이 된다. 예를 들어 '어떻게 하면 쓰레기 분리수거를 하는 사람들에게 분리수거 기준을 직관적으로 알 수 있게 할까?' 하는 질문으로 브레인스토밍을 시작할 수 있다.

우리의 목표는 새로운 아이디어를 얻는 겁니다. 이를 위해 우리가 지켜야 할 규칙은 첫째, 아이디어 양에 초점을 맞출 것, 둘째, 아이디어에 대해서 비판·비난하지 않을 것, 셋째, 새로운 아이디어를 제시함에 주저함이 없을 것, 넷째, 다른 사람의 아이디어를 딛고 아이디어를 제시하는 것에 죄의식을 갖지 않을 것입니다.

➡ 브레인스토밍 과정에서 함께 지켜야 할 규칙을 명확하게 공유한다. 상급자가 뒷짐 지고 앉아서 다른 사람이 내놓는 아이디어를 평가하는 왜곡된 브레인스토밍을 막을 수 있는 중요한 순간이다.

지금부터 30분간 진행하겠습니다. ○○○님이 이 자리에서 나온 아이디어를 화이트보드에 기록해주세요. 제시되는 아이디어에 번호를 붙이도록 하겠습니다. 50개의 아이디어를 목표로 출발하겠습니다.

➡ 대부분의 브레인스토밍은 기록자가 존재하고, 참여자에게 나온 아이디어를 왜곡 없이 기록하는 것으로 출발한다. 물론 이 과정에서 참여자의 의견이 제대로

나올 수 있도록 분위기와 환경을 만들어주고 촉진하는 행위는 퍼실리테이터가 담당한다. 브레인스토밍의 변형 방법으로 앞에서 기술한 명목집단법을 활용할 수 있다. 참가자가 다른 사람과 이야기하지 않고 침묵 속에서 본인의 생각을 포스트잇에 기록하도록 한 다음 이를 공유하도록 하는 것이다. 물론 공유의 과정에서 새로운 생각이 떠오르면 또 다른 포스트잇에 기록하도록 하면 된다.

　　　　　　　　　새로운 아이디어를 깊이 생각해볼 수 있는 브레인스토밍의 단점이라면 무엇일까? 돌아가면서 이야기하다 보면 의도하진 않았지만 아이디어를 내는 행위가 몇 사람에게 집중될 수 있다. 또한 브레인스토밍이 진행됨에 따라 뒤에 숨는 사람이 생길 수도 있고, 여러 사람이 동시에 발산하지 못하고 순차적인 순서를 따라갈 수밖에 없다는 점도 들 수 있다. 이러한 단점을 보완할 수 있는 아이디어 도출 방법이 브레인라이팅이다.

브레인라이팅은 말 그대로 글로 진행하는 브레인스토밍 방법이다. 브레인라이팅은 책상에 둘러앉아 주제에 대한 본인의 의견을 글로 적고 아이디어가 적힌 종이를 옆 사람에게 전달해서 옆 사람이 이전 사람의 의견을 토대로 또 다른 의견을 지속해서 확장하여 적어가며 아이디어를 뽑아내는 방법이다. 브레인라이팅은 침묵 속에서 진행되지만 여러 사람이 동시에 본인의 의견을 기록할 수 있다는 점, 목소리 크고 미팅을 주도하는 몇 사람에 의해 아이디어가 좌지우지되지 않도록 할 수 있다는 점, 다른 사람의 아이디어를 읽고 본인의 생각을 추가하는 방식으로 진행되므로 더욱 가치 있는 아이디어를 얻을 수 있는 확률이 높다는 점에서 브레인스토밍이 가진 단점을 보완한다고 볼 수 있다.

브레인라이팅을 진행하는 절차는 다음과 같다.

> 우리가 함께 의견을 도출해야 할 이슈는 ○○○입니다. 여러분의 지혜를 모아주세요.

➡ 아이디어 도출이 필요한 이슈를 명확하게 한다. 참여한 사람이 같은 곳을 바라볼 수 있게 해야 한다.

> 앞에 놓인 A3 종이에 포스트잇 아홉 장을 붙이고 상단에 오늘 우리가 아이디어를 도출할 주제를 적습니다.

➡ 아이디어를 모을 종이를 준비한다. 개인별로 포스트잇 아홉 장이 붙어있는 종이를 준비하고 퍼실리테이터는 한 장을 더 준비해서 가운데에 놓아둔다. 가운데 놓아둔 종이는 브레인라이팅을 해나가는 과정에서 여분의 시간이 남는 사람이 활용할 수 있다. 아이디어를 적는 공간을 포스트잇으로 하는 이유는 아이디어를 정리하고 수렴하는 과정을 용이하게 하기 위함이다.

> 본인이 가지고 있는 종이에 생각나는 아이디어를 적습니다. 아이디어를 모두 적은 사람은 종이를 오른쪽 사람에게 전달합니다. 종이를 받으면 앞 사람이 적은 아이디어를 신중하게 읽어봅니다. 새로운 아이디어를 추가해도 좋고, 앞 사람의 아이디어에 편승해서 아이디어를 적어도 좋습니다. 아이디어를 적는 가운데 시간이 남는 사람은 책상 중간에 놓인 여분의 종이에 본인의 생각을 적습니다. 30분 동안 진행하겠습니다.

➡ 주어진 시간에 목적한 숫자만큼의 아이디어가 도출될 수 있도록 진행한다. 미팅

에 참여하는 사람들이 의욕을 가지고 참여할 수 있도록 동기부여 하는 것이 중요하다. 의견을 개진하는 과정에서 다른 사람의 의견을 반드시 읽고 본인의 생각을 적을 수 있도록 가이드한다.

다음 사진에서 발견할 수 있는 것들은 무엇인가? 어떤 느낌이 드는가? 바다 사람에게 이정표가 되어주는 등대를 주목할 수도 있고, 맑은 날씨의 사진을 보고 있으니 떠나고 싶다는 생각이 들 수도 있다. 어렸을 적 부모님과 함께했던 갯바위 낚시를 추억할 수도 있고, 큰 바다에서 부서지는 파도가 한 줌의 물방울로 느껴질 수도 있다. 사진을 보고 들었던 생각들을 정리해보면 다음과 같다.

- 바다 사람들의 이정표 역할을 해주는 등대
- 아! 떠나고 싶다
- 부모님과 함께했던 갯바위 낚시의 추억
- 모든 것을 품어줄 것 같은 바다
- 함께 바다를 바라봤을 때의 가슴 벅참

팀에 새롭게 합류하게 된 Z세대 팀원과 어떻게 소통할지를 고민 중인 팀장이 이를 위한 아이디어 도출 회의를 진행한다고 가정해보자. 퍼실리테이터로서 옆의 사진을 참여자에게 보여준 다음 사진을 통해 발견한 것, 느낀 것을 이야기해보도록 한다. 그런 다음 팀이 고민해야 할 원래 이슈인 'Z세대의 소통 방법'에 대한 아이디어를 사진에서 도출한 키워드와 느낌을 기반으로 이야기해볼 수 있을 것이다. 예를 들면 이런 의견이 나올 수 있다.

- 리더로서 Z세대에게 회사 생활하면서 기댈 수 있는 등대로 인식될 수 있도록 하는 것이 중요함
- 팀원 모두 함께 의미 있는 장소로 떠나서 대화해보면 어떨까?
- 팀원들과 추억할 수 있는 이벤트를 만들어보는 것도 좋은 아이디어이다.
- 선배가 Z세대의 부족한 부분을 찾는 것이 아니라 그들을 품어주는 마인드가 중요하다.
- 공통의 목표를 공유할 수 있어야 한다. 함께 바다를 보는 느낌을 Z세대와 공유해야 한다.

새로운 아이디어가 필요한 순간, 책상 앞에서는 떠오르지 않던 아이디어가 자전거를 타면서, TV를 보면서, 혹은 주제가 다른 책을 보다가 퍼뜩 떠올랐던 경험이 있을 것이다. 무엇인가 새로운 관점이 아이디어 도출의 점화 플러그 역할을 했던 순간이다. 앞의 예시처럼 사진이나 그림을 이용해서 새로운 아이디어를 촉진하는 방법을 시각 자극법이라고 한다. 시각 자극법을 활용하는 절차는 다음과 같다.

> 오늘 우리가 함께 아이디어를 냈으면 하는 주제는 ○○○입니다. 시간
> 은 30분만 활용하겠습니다. 여러분의 새로운 아이디어를 환영합니다.

▶ 아이디어를 도출해야 할 주제를 명확하게 이해하도록 가이드한다. 참여자가 같
은 목표를 바라볼 수 있도록 도와야 한다.

> 앞에 놓인 그림 중 하나를 가져가세요. 그림에서 발견한 것, 느낀 것 등
> 을 포스트잇에 적어서 그림 옆에 붙입니다.

▶ 사진이나 그림 카드를 미팅에 참여한 사람들이 자연스럽게 보고 그중 하나를 선
택하도록 한다. 그림을 보고 발견한 것, 느낀 것을 적어서 그림 옆에 적어두도록
한다. 브레인스토밍의 재료가 되는 자극들이다.

> 오늘 아이디어가 필요한 주제 ○○○에 대한 브레인스토밍을 시작하겠
> 습니다. 브레인스토밍 과정에서 새로운 아이디어에 목마름이 생길 때
> 그림 옆에 적어두었던 키워드나 느낌을 기반으로 생각해주세요.

▶ 그림에서 도출한 느낌이나 키워드가 새로운 아이디어를 생각해내는 데 토대가
될 수 있도록 가이드한다. 처음에 생각하는 방법을 예시로 들면 참여자들이
쉽게 이해할 수 있다.

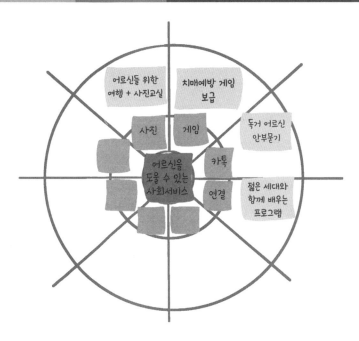

　새로운 아이디어를 생각해내는 것의 핵심은 다른 관점으로 생각해볼 수 있는 자극을 토대로 주제 관련 아이디어를 찾아보는 것이다. 앞의 시각 자극법은 그러한 자극을 그림으로부터 연상한 단어에서 찾았다. 디딤돌은 새로운 아이디어를 찾기 위한 연상 단어를 여러 개 제시해두고 그 단어를 딛고 아이디어를 생각해볼 수 있도록 돕는 방법이다. 예를 들어 어르신들을 도울 수 있는 사회 서비스가 무엇이 있을지를 주제로 아이디어 회의를 진행한다고 해보자. 명목집단법을 통한 브레인스토밍이나 브레인라이팅, 시각 자극법을 통해서도 진행할 수 있지만 디딤돌 방법을 적용하여 진행할 수도 있다. 이때 어떤 방법을 적용하여 미팅을 진행할 것인지에 대한 판단은 퍼실리테이터의 몫이다. 디딤돌을 사용하여 아이디어를 모아가는 절차는 아래와 같다.

> 오늘은 어르신들을 도울 수 있는 사회 서비스에 무엇이 있을지 이야기를 나누어보고자 합니다. 여러분이 내주신 의견은 향후 어르신 대상 사회 서비스를 만들어가는 데 귀중한 자료로 활용될 겁니다. 주제 관련해서 궁금한 사항은 질문해주세요.

▶ 참가자들이 아이디어를 내야 하는 주제에 대해 명확하게 이해하도록 돕는다. 아이디어가 필요한 주제를 디딤돌의 중심부에 적어둔다.

> 새로운 아이디어를 생각하기 위한 매개 단어를 뽑아보도록 하죠. 스마트폰 하면 떠오르는 단어나 이미지가 있을까요? 여덟 개 단어만 적어보겠습니다.

▶ 아이디어를 딛고 생각할 매개 단어를 뽑는다. 제시어를 주고 연상되는 단어를 생각해볼 수 있고 시각 자극법처럼 이미지를 보고 떠오르는 단어를 말하게 할 수도 있다.

> 디딤돌 양식 가운데에 붙인 매개 단어를 딛고 주제에 대한 아이디어를 생각해보세요. 지금부터 20분 동안 50개 아이디어를 찾아보도록 하겠습니다. 아이디어를 생각하는 과정에서 다른 사람이 쓴 아이디어도 주의 깊게 봐주세요. 다른 사람의 아이디어에 편승하는 것을 두려워하지 마세요. 지금부터 시작하겠습니다.

▶ 디딤돌을 통해서 브레인스토밍을 진행한다. 모든 사람이 벽에 붙인 디딤돌 양식

에 본인의 생각을 적도록 안내한다. 다른 사람의 아이디어를 딛고 생각해도 되고 제시된 단어를 딛고 생각해도 된다.

> '치매 예방게임' 아이디어가 나왔네요. '어르신들을 위한 사진 교실' 의견은 좋은 것 같아요. 여러분의 반짝거리는 아이디어가 너무 좋습니다. 20개 아이디어만 더 적어보도록 하겠습니다. 기존에 나왔던 아이디어를 살펴보고 본인의 의견을 추가해주세요.

▶ 디딤돌은 우뇌를 자극하는 방법이므로 분위기가 중요하다. 누군가 아이디어가 떠올랐다면 아이디어를 붙이게 하고, 칭찬을 아끼지 말자. 또한 다른 사람이 쓰는 아이디어를 보고 편승할 수 있도록 즐거운 분위기를 유지하는 것이 무엇보다 중요하다.

의사결정 지원을 위한 기법과 도구

과정 참여자들이 심리적으로 안전한 상태에서 본인이 생각하는 바를 충분히 이야기해볼 수 있도록 촉진했다면 이제 정리하고 결정해야 하는 단계를 생각해야 한다. 어떻게 하면 과정에 참여한 사람들이 의사결정에 효율적으로 도달하도록 퍼실리테이터로서 촉진할 수 있을까? 퍼실리테이터는 이견을 좁혀가는 과정(의견수렴)과 의견을 선택하는 과정(의사결정)으로 구분하여 접근할 수 있다.

의견수렴은 의사결정에 이르도록 돕기 위한 중간 과정으로서 사람들이 주제에 대해 대화했던 내용을 일목요연하게 정리하는 과정이다. 의견수렴은 의사결정으로 가기 위한 기초 단계이므로 정리된 의견이

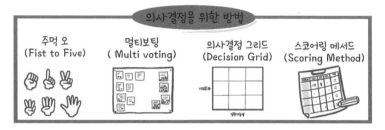

서로 중복되지 않도록 하고, 누락된 아이디어가 있다면 수렴 과정에서
보완할 수 있도록 하는 것이 중요하다.

의견수렴이 제대로 되었다면 정리된 아이디어 중 어떤 아이디어부
터 적용할지 선택해야 할 것이다. 의사결정의 핵심은 절차적 공정성
을 가지는 것이다. 참여자가 이러한 절차로 결정된 의견이라면 기꺼
이 따르겠다는 생각이 들도록 과정을 이끌어야 한다. 이를 위해 의사
결정의 기준과 프로세스를 정하는 과정에 구성원들을 참여시키는 것
이 중요하다. 참여를 통한 결정만이 구성원들의 적극적인 협력과 실행
을 담보할 수 있다.

　의견수렴을 위한 출발은 같은 맥락으로 쓰인 의견끼리 그룹화하는 것이다. 명목집단법을 통해서 도출된 의견의 내용을 공유하고 같은 의견끼리 모아보고 모인 의견에 제목을 붙여보는 과정에서 의견이 정리되어간다.

　그렇다면 퍼실리테이터가 의견수렴을 돕는 과정에서 주의할 것은 무엇일까? 퍼실리테이터가 미팅을 진행하는 모습을 관찰해보면 의견을 발산하고 수렴하는 절차를 기계적으로 진행하는 모습이 보인다.

　"지금부터 5분 동안 의견을 적어주세요. 다 적으셨으면 의견을 앞에 있는 차트에 붙여주세요. 비슷한 것끼리 모아볼까요? 정리되었으면 모아놓은 곳에 제목을 붙여주세요."

심지어 참여자가 적어놓은 포스트잇을 퍼실리테이터가 내용을 판단하여 그룹화하고 제목을 적는 경우도 있다. 이렇게 진행되는 과정에서 과연 참여자의 의견은 충분히 공유되고 정리될 수 있을까?

퍼실리테이터는 벽에 많은 포스트잇이 붙여져 있지만 누구도 이를 깊이 이해하지 못한 상태에 놓이는 것을 경계해야 한다. 퍼실리테이터는 미팅에 참여한 한 사람 한 사람이 내놓은 의견에 모두가 집중할 수 있도록 도와야 한다. "모든 의견을 벽에 있는 이젤 패드에 붙여주세요."가 아니라 모두가 모여 있는 상태에서 "○○○님이 적은 의견부터 나눠볼까요? 나머지 분들은 ○○○님이 말하는 의견을 판단하지 말고 귀 기울여 들어주세요."라고 이야기해야 한다.

퍼실리테이터가 참가자의 의견수렴을 돕는 과정을 살펴보면 다음과 같다.

> 포스트잇에 적은 본인의 의견을 가지고 잠시 모이겠습니다.

▶ 의견을 발산했던 포스트잇을 가지고 모이도록 한다. 공간의 이동을 통해 참여자들이 발산의 시간에서 수렴의 시간으로 바뀌었음을 인지하도록 한다.

> 지금부터 개인이 생각하는 바를 나눠보려 합니다. 지금부터는 그분의 생각을 정확하게 이해하는 것에 집중해주세요. 판단하지 말고 어떤 맥락으로 의견을 냈는지 생각해주세요. 본인이 적은 의견을 앞의 이젤 패드에 붙여가면서 이야기하면 됩니다. ○○○님 먼저 시작할까요?

▶ 의견수렴의 과정에서 유의해야 할 사항을 확인한다. 한 사람 한 사람의 의견에 집중하도록 돕는다.

○○○님, 의견 감사합니다. 지금부터 의견을 이야기할 때는 앞에 있는 분의 생각과 내 생각이 일치한다고 생각하면 그분이 적은 포스트잇 아래에, 다른 의견이라고 생각하면 그 옆에 붙여주면 됩니다. ○○○님 의견 말씀해주실까요?

▶ 의견을 나누면서 자연스럽게 유목화(그룹화)가 되도록 한다. 의견을 수렴해가는 과정에서 퍼실리테이터가 판단하지 말고 의견을 제시한 사람이 판단하도록 도움을 준다. 의견수렴의 과정이 끝나면 모든 참여자가 도출된 의견을 명확하게 이해한 상태가 되도록 하는 것이 중요하다.

| 의사결정 지원 | 의사결정 | 멀티 보팅(Multi Voting) |

한 사람이 도출된 여러 의견 중에서 어떤 의견에 지지하는지 투표하는 다중투표 방법이다. 하나하나의 대안마다 사람들의 의견을 묻는 방식이 아니라 도출된 대안 전체를 모두가 이해한 상태에서 참여자들이 어떤 대안을 지지하는지 묻는다.

참여자에게 투표권 수만큼 점 스티커를 부여하고 본인이 지지하는 의견 밑에 붙이도록 한다. 투표권의 숫자는 보통 N/2-1 공식을 적용하여 결정한다. 여기에서 N은 전체 도출된 의견 숫자를 말한다. 만약 열 개 의견에 대해서 투표를 진행해야 한다면 개인당 네 개의 투표권을 가지게 된다.

멀티 보팅을 활용하여 투표를 진행하는 과정에서 퍼실리테이터는 투표 전에 도출된 의견에 대해 참여자가 충분히 이해하고 있는지 확인해야 한다. 또한 모임의 리더나 투표 의사결정에 영향을 미치는 사람 등은 가장 마지막에 투표하도록 한다. 멀티 보팅을 진행하는 절차는 다음과 같다.

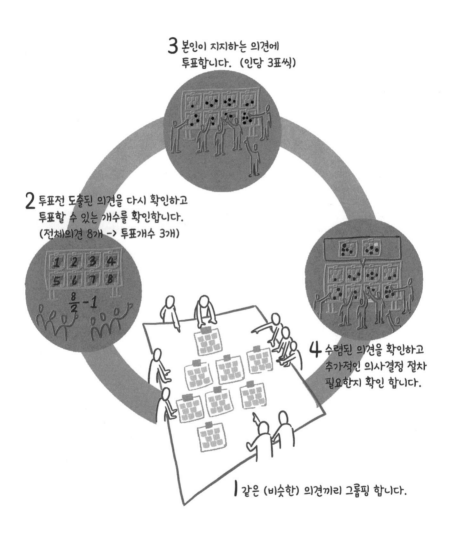

3 본인이 지지하는 의견에 투표합니다. (인당 3표씩)

2 투표전 도출된 의견을 다시 확인하고 투표할 수 있는 개수를 확인합니다.
(전체의견 8개 -> 투표개수 3개)

4 수렴된 의견을 확인하고 추가적인 의사결정 절차 필요한지 확인 합니다.

1 같은 (비슷한) 의견끼리 그룹핑 합니다.

앞서 공유된 내용을 다시 한번 확인해주세요.

시간은 5분을 드리겠습니다.

◪ 의견수렴을 통해 정리된 내용을 다시 한번 곱씹어 생각할 수 있는 시간을 준다.

지금부터 개인별로 네 개의 스티커를 나누어드릴게요. 본인이 생각했을 때 먼저 고려해야 하는 아이디어를 선정해주세요. 하나의 의견에 하나만 투표할 수 있습니다. 다른 사람의 투표에 영향을 미칠 수 있는 ○○○ 팀장님은 가장 마지막에 투표해주세요.

◪ 투표 방법을 공지한다. 투표 과정이 혼란스럽지 않도록 투표권 수에 맞게 스티커를 준비해두면 효율적인 진행이 가능하다. 투표 과정에서 예상되는 문제를 미리 예방할 수 있는 조치를 한다.

우리가 우선으로 고려해야 할 아이디어를 확인해볼까요?"

◪ 투표 결과를 공유한다. 멀티 보팅으로 의사결정 프로세스를 마무리할지 다른 의사결정 프로세스를 추가로 진행할지 확인한다.

때로는 A가 맞다, B가 맞다 논쟁하는 것보다 어떤 기준으로 판단하는 것이 좋을지 생각해보는 것이 의사결정을 해가는 데 있어 훨씬 효율적일 때가 많다. 의사결정 그리드는 의사결정에 이르도록 돕는 과정에서 어떤 기준을 가지고 생각해볼지 결정하고 각 대안을 그 기준에 따라 판단해보도록 이끄는 방법이다.

아이디어를 판단하는 기준은 실현가능성/기대효과, 중요도/긴급도 등 여러 가지가 있을 수 있다. 과정에 참여하는 사람들과 아이디어를 판단하는 기준을 무엇으로 할지 합의하고 그것을 바탕으로 여러 아이디어를 의사결정 그리드 위에 위치시켜보는 과정에서 의사결정에 한 걸음 더 다가갈 수 있다. 멀티 보팅을 통해 열 개 의견 중 네 개 의견으로 좁혀졌다면 이후에는 의사결정 절차를 의사결정 그리드로 이끌 수 있다.

의사결정 그리드를 통해 의견을 모아가는 절차는 아래와 같다.

> 멀티 보팅을 통해 열 개 의견 중 네 개 의견으로 좁혀졌네요. 한 걸음 더 나아가보죠. 우리가 우선으로 적용해야 할 아이디어를 선정하기 위해 핵심적으로 고려해야 할 기준은 무엇일까요?

▶ 의사결정 그리드로 의견을 조율하기 전 판단 기준에 대해 이야기 나누도록 돕는다.

> 네 개의 의견이 의사결정 그리드의 어디에 위치하는지 이야기해보겠습니다. 첫 번째 의견부터 말해볼게요. 막내가 첫 번째 의견을 의사결정 그리드의 어느 부분에 붙이고 그 이유를 이야기해주세요.

▶ 아이디어 중 하나의 아이디어를 의사결정 그리드에 위치시킨다. 다른 의견은 첫 번째 의견에 비해서 상대적으로 어느 곳에 있어야 하는지 함께 이야기하고 판단해가도록 한다. 막내에게 첫 번째 아이디어를 의사결정 그리드 위에 위치시키도록 하는 이유는 이 과정이 리더의 판단에 의한 것이 아니라 모두의 합의에 따라 이루어질 것임을 보여주는 중요한 신호가 될 수 있다.

> 어려운 기준점을 세워준 막내에게 박수 보내주세요. 지금부터는 두 번째 의견을 가지고 판단해볼게요. ○○○님이 의사결정 그리드 위 어디에 붙여야 할지 말씀해주세요. 다른 분도 동의하나요? 다른 의견이 있으면 이야기해주세요.

▶ 네 개의 의견이 의사결정 그리드에서 어디에 위치해야 하는지 이야기해가는 과정에서 의사결정에 대한 대화가 자연스럽게 이루어지도록 돕는다.

의사결정 과정을 눈에 보이도록 정량화할 수 없을까? 이때 활용할 수 있는 방법이 스코어링 메서드이다. 여러 대안을 평가하는 기준을 결정하고 기준에 대한 가중치를 정한 후 각 대안에 대한 평가 결과를 가중치를 반영하여 수치화하는 방법이다. 쉬운 예를 하나 들어보자.

이사를 해야 하는 상황이 생겼는데 후보지가 세 곳이다. 후보지 중 어느 지역으로 이사할지 의사결정을 해야 할 때 스코어링 메서드를 활용할 수 있다. 이사 갈 장소를 결정하는 기준은 무엇일까? 우선 집값을 감당할 수 있는 정도, 회사까지의 이동시간, 아이들 교육환경, 향후 지역 발전 가능성 등을 고려할 수 있겠다.

다음은 의사결정 기준의 가중치를 생각해보자. 집값 30점, 아이들 교육환경 30점, 향후 지역 발전 가능성 25점, 회사까지의 이동시간 15점으로 가중치가 정해졌다고 생각해보자. 이제는 세 후보지에 대해 의사결정 기준에 따라서 5점 척도로 점수를 부여해본다. 개인별로 점수를 부여한 후 전체 의견으로 모을 수도 있고, 전체가 합의를 통해서 하나의 점수를 부여할 수도 있다.

각각의 대안에 대한 점수를 계산한다. 대안별로 얻어진 점수를 확인하고 이를 바탕으로 최종 의사결정에 대해 협의한다.

스코어링 메서드는 의사결정 대안에 대한 평가를 정량화할 수 있다는 장점이 있으며 멀티 보팅을 통해 줄어든 선택지들에 대한 최종 판단을 해야 하는 상황에서 활용할 수 있다. 의사결정 그리드가 참여자 간의 합의를 기초로 진행되는 정성적 측면이 강하다면 스코어링 메서드는 정량적인 부분을 강조한다.

스코어링 메서드를 진행하는 절차는 다음과 같다.

> 지금까지 도출된 세 가지 안에 대해 다시 한번 확인하겠습니다. 각 대안의 핵심을 ○○○님부터 돌아가며 한 가지씩 설명해주시겠어요?

▶ 함께 고민해야 할 대안에 대해 확인하는 절차를 갖는다. 참가자에게 대안의 내용에 대해 설명해달라고 요청하는 것은 의사결정을 해나가는 주체가 참여자에게 있음을 알리는 효과가 있다. 퍼실리테이터가 의사결정의 주체가 되어서는 안 된다.

> 이 세 가지 안을 보다 정량화해서 평가하는 절차를 가지려 합니다. 우리가 어떤 기준을 가지고 결정해나갈 수 있을까요?

▶ 참가자들이 합의하는 의사결정 기준을 찾는다. 총점 100점 안에서 각 기준에 대한 가중치를 결정한다.

> 벽에 붙어있는 세 가지 대안의 내용과 의사결정 기준을 다시 한번 확인해주세요. 지금부터 각 대안에 대한 평가를 진행해보겠습니다. 기준에 따른 대안의 평가는 매우 긍정 5점, 매우 나쁨 1점을 기준으로 판단해주세요.

▶ 대안의 평가 방법을 설명한다. 참여자가 혼란스럽지 않게 예를 들어 설명해주는 것이 좋다. 앞에서 제시한 이사할 장소를 결정해가는 사례를 예로 들어주어도 좋다.

점수를 계산해볼까요? ○○○님께 점수 계산을 부탁할게요. 10분 후 다시 모여서 정리된 결과에 대해 이야기해보겠습니다.

▶ 대안별로 점수를 계산하도록 한다. 모든 활동은 퍼실리테이터가 아니라 참여자가 중심이 되어 이루어지도록 해야 함을 기억하자.

[표 11] 스코어링 메서드

기준	가중치	대안1		대안2		대안3	
		점수	환산점수	점수	환산점수	점수	환산점수
집값	30						
교육환경	30						
지역발전 가능성	25						
회사까 지이동 시간	15						
총계	100						

점수 : 매우 긍정 5 ~ 매우 나쁨 1 / 환산점수 : 가중치 X 점수 / 총계 : 대안별 환산점수 합

아파트에 투명 페트병을 모으는 함을 만들고자 한다. 네 가지 디자인 시안에 대해 참여자들의 의견을 빠르게 묻고 싶다. 어떻게 할 수 있을까? 이때 사용할 수 있는 방법이 주먹오 방법이다. 주먹오는 주먹(0점)부터 보자기(5점)까지 본인이 대안에 대해 생각하는 점수를 표시하도록 하고 그것의 합계 점수로 대안에 대한 평가를 진행하는 방법이다. 빠르게 사람들의 의견을 확인하고자 할 때 활용할 수 있다.

주먹오를 진행하는 절차는 다음과 같다.

> 우리의 선택지가 네 개 있네요. 확인해볼까요? 선택지에 대해서 ○○○
> 님부터 돌아가면서 간단하게 장단점을 이야기해주세요.

▶ 참여자가 선택지 내용을 정확하게 이해하도록 돕는 것이 중요하다.

> 여러분의 의견을 주먹으로 표현해주세요. 가장 긍정적인 점수가 5점,
> 부정적인 점수가 0점입니다. 첫 번째 대안에 대한 의견을 표현해주세
> 요. 점수를 계산할 수 있도록 잠시 들고 있어 주세요.

▶ 첫 번째 대안부터 참여자들의 의견을 물어서 그 결과를 대안 옆에 표시한다.

문제해결 지원을 위한 기법과 도구

우리는 현재 수준As-is과 기대 수준To-be의 차이를 문제라고 정
의한다. 문제의 해결은 현재 상태를 우리가 기대하는 상태로 바꾸는 것
이다. 문제해결을 촉진하는 프로세스와 도구는 현재의 상태를 기대하
는 상태로 바꾸는 과정을 효율적으로 돕기 위한 절차와 방법을 말한다.

그렇다면 퍼실리테이터가 문제해결을 돕는다는 의미는 무엇일까?
앞에서 퍼실리테이터는 제대로 촉진하는 사람이라고 이야기했으니 퍼
실리테이터를 문제해결의 주체로 볼 수는 없다. 퍼실리테이터는 문제
에 직면한 그룹(팀)이 효율적으로 문제해결 과정을 수행해나갈 수 있
도록 돕는 사람이다. 그렇다면 퍼실리테이터가 문제해결을 제대로 도
운 상태는 어떤 상태일까? 팀이 문제를 해결해가는 과정에서 퍼실리테

문제해결
프로세스

문제상황에 맞는 문제해결 프로세스를
적용합니다!

문제해결
도구

문제해결 논의를 촉진할 수 있는
도구를 활용합니다!

이터가 없을 때보다 함께했을 때 보다 이른 시간 안에 구성원들이 체계적으로 협업하여 문제의 본질을 파악하고 해결대안을 도출하며 이를 실행에 옮길 수 있었다면 퍼실리테이터가 문제해결 촉진자로서 제대로 역할을 한 것이라 볼 수 있다. 그렇다면 퍼실리테이터는 문제해결을 제대로 돕기 위해 어떤 것들을 알아야 할까?

첫째, 문제 상황에 맞는 문제해결 프로세스를 디자인하고 적용할 수 있어야 한다.

지역주민과 함께 음식물 쓰레기 총량을 줄이는 프로젝트를 진행하려고 한다. 이 문제를 해결하려면 우리가 기대하는 수준을 정의해야 하고(어느 정도의 음식물 쓰레기 저감을 목표로 할 것인지) 현재 음식물 쓰레기 총량이 어느 정도인지 파악해야 한다. 프로젝트 범위를 명확하게 하기 위해 어느 지역을 문제해결 대상지로 할 것인지도 합의해야 한다.

문제를 제대로 해결하기 위해서는 음식물 쓰레기 양에 가장 많은 영향을 미치는 요인이 무엇인지 확인해야 하고, 주민들이 음식물 쓰레기를 줄이기 위해 어떤 노력을 하고 있는지, 어느 부분에 어려움을 겪고 있는지도 확인해야 한다. 이를 통해 현장의 진짜 문제를 발견해야 하며 문제를 확인했다면 이를 해결하기 위한 아이디어를 찾아야 하고 아이디어 중 우선 시도해 볼 아이디어로 수렴해야 하며 아이디어의 타당성을 검증할 방법도 찾아야 한다.

퍼실리테이터는 이러한 문제해결 프로세스를 문제 상황에 맞게 디자인해야 하며 참여자들이 이 과정에 제대로 참여할 수 있도록 도와야 한다. 퍼실리테이터가 문제해결 프로세스를 제대로 이해하고 있어야 하는 이유이다.

둘째, 문제해결 프로세스를 밟는 과정에서 효율적으로 문제해결에 접근하기 위한 도구와 방법론을 알고 있어야 한다.

앞의 예를 이어서 설명해보자. 주민들이 음식물 쓰레기를 처리하는 과정에서 어떤 어려움을 겪고 있는지 확인하고자 한다면 고객의 관점에서 음식물 처리 과정을 살펴볼 수 있는 방법으로 고객여정지도를 활용할 수 있다(211쪽 참조). 주민들이 처음으로 음식 재료를 마트에서 구입하여 냉장고에 집어넣는 과정, 그 후 이를 꺼내 요리하는 과정, 요리 과정에서 나오는 음식물 쓰레기를 처리하는 과정, 식사 후 남은 음식물 쓰레기를 음식물 쓰레기통으로 가져오는 과정까지 고객 관점에서 생각해보는 방법이다.

퍼실리테이터가 고객 관점에서 현장의 진짜 문제를 파악하기 위한 도구로서 고객여정지도를 알고 있다면 문제의 본질을 파악해가는 데 있어 보다 효율적으로 프로세스를 이끌 수 있다. 예를 들어 고객여정지도를 그려보는 과정에서 냉장고에 음식 재료를 넣어두고 이를 깜빡 잊는 경우가 많아 음식물 쓰레기로 버려지는 것을 발견했다면 냉장고 음식 재료를 관리하는 방법을 찾는 것이 문제해결의 핵심이 될 수 있다.

문제해결을 촉진하기 위해 퍼실리테이터는 현장의 진짜 문제를 확인하는 단계에서, 아이디어를 만들어가는 과정에서, 아이디어를 모아가는 과정에서, 아이디어의 타당성을 검증하는 과정에서 가장 효율적인 방법을 찾고 안내하는 역할을 할 수 있어야 한다.

문제해결 지원	문제해결 프로세스

새롭게 교육 프로그램을 디자인할 때 우리는 ADDIE 모형을 떠올린다. ADDIE란 분석Analysis, 설계Design, 개발Development, 실행Implementation, 평가Evaluation의 첫 글자를 따온 말이다. 고객의 요구를 받아서 지금까지 없던 교육 프로그램을 설계하는 것도 하나의 문제해결로 볼 수 있으니 ADDIE 모형도 문제해결 프로세스로 볼 수 있다. 디자인씽킹, 액션러닝, 6시그마 등에서도 강조하는 문제해결 프로세스가 있고 맥킨지 등의 컨설팅 회사 역시 고유의 문제해결 프로세스를 가지고 있다.

퍼실리테이터가 문제해결 프로세스를 안다는 것은 퍼실리테이터로서 역할을 수행할 때 어떤 도움을 받을 수 있을까?

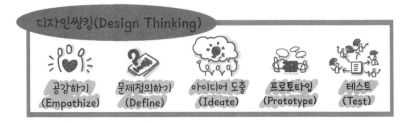

첫째, 퍼실리테이터가 도와야 할 문제가 주어졌을 때 문제해결 프로세스를 어떻게 디자인할지, 어떤 방식으로 참여를 촉진할지 구상하는 가이드맵이 될 수 있다.

현장의 문제를 논리적으로 분석하는 것이 필요하다면 맥킨지 문제해결 프로세스를 적용해가는 것이 타당하고, 프로젝트 수행과정에서 결과와 학습의 균형을 맞추길 원한다면 액션러닝 프로세스를 고려해야 한다. 고객 관점에서 현장의 문제를 파악하는 것이 중요하다면 디자인씽킹을 떠올려야 하고, 새로운 교육과정을 디자인하고자 한다면 앞서 언급한 ADDIE 모형을 따라가면 된다.

둘째, 문제해결의 조력자로서 퍼실리테이터 역할 수행 과정의 내비게이터 역할을 할 수 있다.

퍼실리테이터가 문제해결 프로세스를 알고 있다면 프로젝트가 진행되는 단계에서 현재 우리가 어디에 있고 어느 방향으로 가야 하는지 쉽게 파악할 수 있다. 축구 경기에서 전체 흐름을 보고 선수들에게 작전 지시를 하고 그 방향대로 게임이 흘러가는지 조망하는 코치를 생각해보자. 퍼실리테이터가 문제해결 프로세스를 안다는 것은 프로젝트가 문제해결의 방향으로 제대로 가고 있는지 조망할 수 있는 눈을 갖게 된다는 의미이다.

셋째, 문제해결 프로세스 단계별로 사용하는 도구와 방법론을 찾는 기준이 될 수 있다.

앞서 고객 관점에서 음식물 쓰레기를 배출하는 과정을 돌아보고 어느 단계에 핵심 문제가 있는지 찾기 위해 고객여정지도를 사용하는 예를 들었다. 문제해결을 위한 전체 단계에서 현재 단계가 현장의 문제를 제대로 파악하는 단계이고, 그 문제 파악이 고객 중심으로 이루어져야 한다면 우리는 고객여정지도를 문제해결 도구로 활용할 수 있다. 퍼실리테이터가 문제해결 프로세스를 제대로 안다면 상황에 적합한 문제해결 도구와 방법론을 찾는 데 한결 수월할 수 있다.

    A기관의 전략 수립을 위한 미팅을 진행한다고 가정해보자. 퍼실리
테이터로서 어떤 질문을 할 것인가?

- 우리 기관이 가진 강점이 무엇일까요?
- 우리 기관이 가진 약점은 무엇인가요?
- 우리 기관은 어떤 기회 요인을 가지고 있나요?
- 우리 기관이 사업 수행 시 어떤 어려움이 예상되나요?
- 우리가 가진 기회를 우리가 보유한 강점을 활용하여 공략할 방법에는 무
  엇이 있을까요?
- 우리가 겪을 수도 있는 어려움을 우리가 가진 강점으로 미리 준비할 수
  있지 않을까요? 어떻게 준비해야 할까요?

어디서 많이 본 질문이지 않은가? SWOT 분석을 통해 우리가 할 수 있는 질문들이다. 퍼실리테이터가 SWOT 분석을 알고 있다면 이런 질문을 좀 더 쉽게 할 수 있다. 전략 수립 회의를 이끄는 사람이 퍼실리테이터라면 모든 사람이 참여하는 가운데 SWOT 분석을 해나갈 수 있도록 도울 수 있다.

차트에 SWOT 분석을 위한 양식을 그려 넣고 앞에서 배웠던 명목집단법을 활용하여 참여자들의 의견이 자유롭게 공유될 수 있도록 한다. 이런 방식으로 회의를 이끌면 참여자들은 A기관의 장이 생각하는 기관의 강점, 약점, 기회, 위협 요인을 일방적으로 전달받는 것이 아니라 함께 고민하고 찾아갈 수 있을 것이다. 리더가 생각하는 전략 방향을 일방적으로 전달받는 것과 구성원들이 함께 전략을 찾아가는 것 중 어떤 것이 향후 전략의 실행에 좋은 영향력을 미칠지 생각해보기를 바란다.

그렇다면 퍼실리테이터는 문제해결 도구를 어떻게 학습하고 체득할 수 있을까? 여기서 학습은 퍼실리테이터로서 사용할 도구가 무엇인지 아는 것이고 체득은 그것을 어떻게 퍼실리테이션 현장에서 활용할 수 있는가의 문제이다.

학습은 노련한 퍼실리테이터가 진행하는 퍼실리테이션 현장을 관찰하는 과정을 통해서, 퍼실리테이터로서 갖춰야 할 철학과 관점을 바탕으로 다양한 경험과 학습을 진행해나갈 때 이루어진다. 체득은 학습한 것을 퍼실리테이션 현장에서 다양하게 적용해보고 그 과정을 성찰하는, 말 그대로 성공과 실패의 경험을 통해 축적된다. 여기에서는 독자 여러분의 문제해결 도구 학습을 돕는 의미에서 문제해결 현장에서 자주 사용되는 도구 몇 가지를 소개한다.

COMPANY

내부 이슈는 무엇이고?

CUSTOMER

고객은 어떤 요청을 하고 있으며?

COMPETITOR

경쟁사는 어떤 변화를 시도하고 있는지?

　3C 분석을 통해 문제해결 프로젝트 초기 단계에 참여자들이 과제를 조망할 수 있도록 도울 수 있다. 즉 현재 주어진 문제와 관련하여 내부 이슈가 무엇이고, 고객은 어떤 요청을 하고 있으며, 경쟁사는 어떤 변화를 시도하고 있는지 살펴볼 수 있다.

　예를 들어 G건설회사에서 '아파트 수납공간 최적화 프로젝트'를 진행할 때 3C 관점으로 문제에 접근했다.[31] 수납공간 관련해서 내부 이슈가 무엇인지 찾아봤고, 이미 준공된 아파트 현장에 사는 고객들의 목소리를 통해 수납공간 관련 고객의 요구를 확인했으며, 경쟁사가 수납공간 관련해서 어떤 노력을 하고 어느 수준에 와 있는지 확인했다. 이를 통해서 G건설회사는 자사의 아파트 평면 유형별로 수납공간 최적화를 위한 설계를 진행했고 이를 아파트 현장에 적용할 수 있었다.

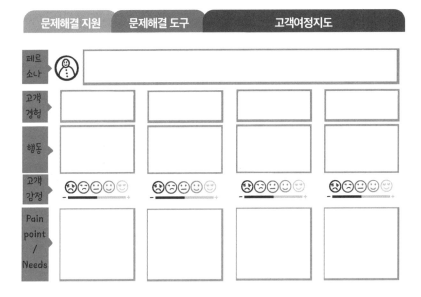

무인 주문기 키오스크를 활용해본 적이 있는가? '어르신들의 키오스크 이용을 편하게 돕자'는 프로젝트를 진행한다고 생각해보자. 어떻게 도울 것인가? 우선 어르신들이 키오스크를 이용하는 과정에서 어떤 어려움을 겪는지 확인해보는 것이 순서일 것이다. 퍼실리테이터가 이런 상황에 직면했을 때 고객여정지도를 알고 있다면 그 과정을 쉽게 도울 수 있다.

어르신이 맥도날드 키오스크에서 햄버거를 주문하는 상황에서 어떤 경험을 하게 되는지 어르신들 관점에서 함께 생각해볼 수 있는 방법이 고객여정지도이다. 실제 고객여정지도를 그려봤을 때 어르신들은 뒷사람이 서 있을 때 심리적으로 압박감을 느끼고, 본인 차례인데도 뒷사람에게 양보한 적이 있다는 분도 계셨다. 그렇다면 문제해결의 핵심 포인트를 키오스크를 이용하는 과정에서 어르신들이 심리적 압박감을 느끼지 않도록 하는 것에 두는 것이 타당하지 않을까? 이런 의미 있는 인사이트를 뽑는 과정을 고객여정지도가 도울 수 있다. 고객여정지도는 고객의 경험하는 순간을 깊이 들여다볼 수 있게 돕는다.

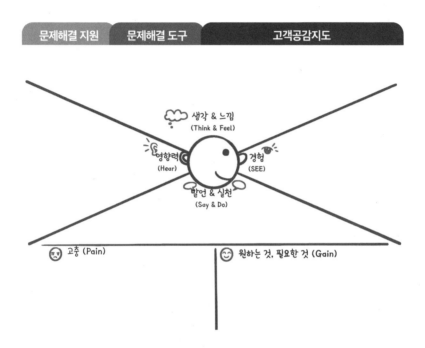

아파트에 엘리베이터를 설치하는 설치 기사님이 겪는 어려움을 알아내어 해결하는 과제가 주어졌다고 가정해보자. 이때 설치 기사님들이 설치에 대한 작업지시를 받을 때부터 작업을 마무리할 때까지 흐름을 따라가 보는 것이 중요하다면 고객여정지도를 그리는 것이 좋은 방법이다. 반면 작업의 흐름이 아니라 설치 현장에서 설치 기사님들

이 겪는 어려움에 조금 더 초점을 맞추고 싶다면 고객공감지도가 대안이 될 수 있다.

"설치 프로세스가 바뀌어서 변경 프로세스에 대한 내용이 매뉴얼로 내려왔는데 설치 현장에서는 그 매뉴얼을 제대로 볼 시간이 없어요. 매뉴얼은 서론이 너무 길어요. 글로 되어있어서 이해도 쉽지 않고요. 필요한 부분을 짧은 영상으로 제시해주면 현장에서 바로 확인하고 작업할 수 있을 것 같은데요."

고객공감지도는 고객의 속마음을 파악할 수 있게 도와주기 때문에 설치 기사님들의 이런 고충을 조금 더 쉽게 파악할 수 있다. 그들이 생각하고, 느끼고, 말하고, 행동하고, 보고, 듣는 것을 파악하는 과정에서 말이다.

문제해결 지원 **문제해결 도구** **퍼실리테이터가 직접 디자인하는 토론 촉진 양식**

문제해결 프로세스 안에서 활용할 수 있는 도구는 SWOT, 고객여정지도, 고객공감지도처럼 잘 알려진 도구일 수도 있지만 문제해결 상황에 맞추어 퍼실리테이터가 직접 디자인하여 활용할 수도 있다. 고객의 속마음을 제대로 파악하기 위한 인터뷰 계획을 프로젝트 참여자와 함께 만들어가는 회의를 퍼실리테이터로서 이끌어야 한다고 생각해보자. 퍼실리테이터는 무엇을 준비해야 할까?

인터뷰 대상을 누구로 하는 것이 좋을지, 인터뷰를 통해 확인해야 할 것은 무엇인지, 어떤 방식으로 물어볼 것인지, 인터뷰 현장에서 역할은 어떻게 나눌지 등등의 질문에 대해 참여자들이 자유롭게 의견을 나눌 수 있도록 도와야 하고, 또 의견이 구체적으로 수렴되도록 촉진해야 할 것이다.

그렇다면 이런 논의 과정을 보다 효율적으로 진행하려면 어떤 도구를 활용하는 것이 좋을까? 이때 퍼실리테이터가 활용할 수 있는 것이 토론 촉진 양식이다. 아래 양식은 고객 인터뷰 계획을 준비하는 과정에서 퍼실리테이터가 떠올렸던 질문을 토론 양식으로 변환한 예이다. 퍼실리테이터는 문제 상황에 맞는 질문을 준비하고 이를 참여자들과 효율적으로 함께 나누기 위한 토론 양식을 만드는 데 탁월성을 가져야 한다.

퍼실리테이터가 사용할 수 있는 문제해결 도구는 앞에서 제시한 SWOT 분석, 고객여정지도, 고객공감지도 이외에도 무수히 많다. 퍼실리테이터는 문제해결 프로세스를 이끄는 것에 있어서는 주도권을 가지고 가야 하므로 주어진 문제 상황에 맞추어 최적의 문제해결 도구를 찾고 이를 참여자의 동의 아래 활용할 수 있어야 한다. 이와 더불어 토론 촉진 양식을 적절하게 만들고 활용할 수 있어야 한다. 퍼실리테이터가 끊임없이 학습해야 하는 이유이다.

갈등관리 지원을 위한 기법과 도구

갈등이란 단어에서 '갈'은 칡나무를 의미하고 '등'은 등나무를 의미한다. 칡나무는 왼쪽으로 감아 올라가지만 등나무는 오른쪽으로 감아 올라가는 성질을 가지고 있어서 같은 나무에서 자라게 되면 나무의 성장을 방해한다고 하여 '갈등'이라는 단어가 만들어졌다.

퍼실리테이터가 가장 고민하는 것이 회의 현장에서 갈등을 중재하는 부분이다. 사람과 사람이 만나는 공간에서 벌어지는 일이기에 어떤 상황에서 어떤 형태의 갈등이 발생할지 모르기 때문에 더 큰 어려움이 있다. 예측할 수 있다면 대응할 수 있을 텐데 그렇지 못하기 때문에 힘든 것이다.

갈등은 무조건 나쁜가? 갈등이 긍정적으로 통제되고 관리된다면 더 좋은 성과를 향해가는 데 원동력이 될 수 있다. 퍼실리테이터는 미팅 현장에서 일어나는 갈등이 긍정적인 방향으로 작동할 수 있도록 도와

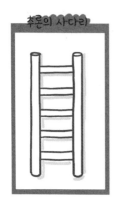

추론의 사다리

의사소통의 3가지 규칙

3GR

팀 규칙
(Ground Rules)

1.
2.
3.
4.
5.

야 한다. 퍼실리테이터 역할이 중요한 이유이다. 그렇다면 어떻게 갈등을 조정해갈 수 있을까? 현장에서 이미 수면 위로 올라온 갈등을 해결하는 것은 쉬운 일이 아니다. 그렇기 때문에 갈등 상황이 일어나지 않도록 사전에 갈등 상황을 조정하는 것이 중요하다. 노련한 퍼실리테이터는 현장에서 일어나는 갈등 상황을 최소화하기 위해 갈등이 일어나는 근본 이유를 파악하고, 대화가 왜곡되지 않도록 말하는 사람과 듣는 사람이 지켜야 할 대화의 규칙을 회의 참여자가 알도록 하며, 팀이 함께 지켜야 할 규칙을 제정하는 등의 노력을 기울여야 한다.

추론의 사다리는 행동과학자 크리스 아지리스Chris Argyris[32]가 제시한 것으로 사람들은 새로운 사실이나 자료를 접할 때 과거 자기 경험에 비추어 필요한 자료를 취사선택하고, 여기에 자신만의 의미를 부여하여 자신이 부여한 의미를 기반으로 가정을 한 후, 그 가정에 따른 결론을 내리고, 그 결론이 믿음으로 바뀌어 행동으로 옮긴다는 이론이다. 또한 이런 과정을 통해서 공고화된 믿음은 다음에 자료 선택 시 데이터를 취사선택하는 토대가 됨을 제시했다.

이를 간략하게 정리해보면 직접 관찰할 수 있는 정보는 선택된 지각에 따라 다르게 해석되고 이에 따른 반응이 행동으로 표출된다는 것이다. 더 쉽게 이야기하면 개개인이 가진 선택된 지각이 같은 정보를 보고도 다르게 해석할 여지가 있다는 점이다.

우리가 대화를 이어 나갈 때 말하는 사람과 듣는 사람 모두 추론의 사다리를 가지고 있다. 이 차이를 아는 것이 갈등 조정의 출발이 된다. 말하는 사람이 어떤 선택적 지각을 가지고 본인의 이야기를 풀어가는지, 듣는 사람이 어떤 선택적 지각의 바탕 위에서 듣는 내용을 이해해 나가는지를 아는 것은 회의에서 발생할 갈등의 원인을 찾는 데 중요한 단서를 제공한다. 퍼실리테이터가 추론의 사다리를 알아야 하는 이유이다.

추론의 사다리를 밟아가는 과정을 살펴보면 긍정적 추론의 사다리와 부정적 추론의 사다리로 나누어 생각해볼 수 있다. 회의 안에서 부정적 추론의 사다리를 타기 시작하면 한 걸음도 앞으로 나아갈 수 없다. 퍼실리테이터는 참여자들이 부정적 추론의 사다리를 타지 않도록 긍정의 방향으로 회의를 유지하는 것이 중요하다. 갈등 해결의 퍼실리테이터로 서고 싶은가? 추론의 사다리를 이해하는 것부터 시작해보자.

선택적 지각의 함정에 빠지지 않고 제대로 소통하기 위한 방법은 무엇일까? 로저 슈워즈 박사는 퍼실리테이터가 지켜야 할 원칙을 아홉 가지로 제시했으며[33] 우리는 이를 기반으로 말하는 사람과 듣는 사람이 반드시 지켜야 할 의사소통의 세 가지 규칙을 제시했다.[34]

첫 번째 규칙은 상대방의 말을 들을 때 지켜야 할 규칙으로 '가정과 추론은 검증한다'는 것이다. 회의 때 상대방의 말을 넘겨짚어 생각한 적이 있지 않은가? 상대방의 의도를 왜곡해서 내 마음대로 해석하고 있다면 가정이나 추론하지 말고 상대에게 진의를 묻는 것이 더 효율적이다. "제가 가정하지 않기 위해서 (추론하지 않기 위해서) 묻는 건데요." 하고 묻는다면 왜곡된 의사소통에서 벗어날 수 있다.

두 번째와 세 번째 규칙은 말하는 사람이 지켜야 할 규칙으로, 두 번째 규칙은 구체적인 사례를 들어서 이야기하고(사례는 듣는 사람이 이야기의 핵심을 제대로 이해하게 도울 수 있다.) 중요한 단어는 모두가 이해하도록 명확하게 설명한다는 것이고, 세 번째 규칙은 말하는 사람의 사고 논리와 의도를 명확하게 설명할 수 있어야 한다는 것이다.

회의 때 약어가 남발되는 회의를 본 적이 있는가? 회의를 관찰하다 보면 회의 참석자 중 절반은 그 약어가 어떤 의미인지 모르는 눈치인데 아랑곳하지 않고 회의가 진행되는 경우를 볼 수 있다. 이런 경우 그 단어를 회의 참여자들이 명확하게 이해하도록 돕는 것에서부터 시작해야 한다.

의사소통의 세 가지 규칙은 퍼실리테이터로서 대화할 때 지켜야 할 원칙이기도 하지만 회의 참여자 사이에서 지켜야 할 원칙이기도 하다.
장기 프로젝트라면 의사소통의 세 가지 규칙에 대한 내용을 팀원들이
이해하도록 돕고 이를 팀 규칙에 포함할 수도 있다.

한번 발언을 시작하면 끝내지 않는 회의 참여자를 만나본 적 있는가? 모든 의견에 대해 비판적인 반응을 보이는 사람은 어떠한가? 이런 상황에서 퍼실리테이터는 어떻게 효율적으로 회의를 이끌 수 있을까?

회의나 프로젝트를 시작할 때 구성원들이 함께 지켜야 할 규칙을 명확하게 하는 것이 이러한 갈등을 해결하는 출발점이 될 수 있다.

"참석자가 10명인데 한 사람이 5분씩 이야기하면 50분이네요. 동의해주시면 모든 사람의 참여를 위해 발언 시간을 3분으로 제안하고자 합니다. 발언 시간이 3분을 넘으면 제가 앞에 있는 모래시계를 들어서 알려드릴게요. 그러면 30초 안에 발언을 마무리해주시면 됩니다."

"우리 회의의 기본 원칙은 비판하지 않고 있는 그대로 받아들이기입니다. '내가 3년 전에 해봤어. 그거 안 되는 거야' 이런 피드백은 우리 회의에서 멀리 해야 할 단어입니다. 동의하시나요?"

이런 과정을 통해서 정해진 규칙은 팀원들의 참여를 촉진할 수 있고, 무조건적인 비판으로부터 회의를 자유롭게 만들 수 있다. 그렇다면 팀 기본 규칙을 정할 때 유의해야 할 사항은 무엇일까?

팀 기본 규칙은 구체적으로 정하는 것이 중요하다. '적극적으로 참여하기'가 아니라 '토의 안건에 대해서 한 가지씩 의견 내기'가 더 좋은 규칙이다. 또한 팀 기본 규칙은 팀이 함께 정하도록 돕는 것이 중요하다. 앞에서 배웠던 명목집단법과 멀티 보팅을 규칙을 정하는 데 활용할 수 있다. 팀 기본 규칙을 정하는 절차는 다음과 같다.

> 두 달 동안 ○○○ 주제에 대해 논의하려 합니다. 논의를 효율적으로 진행하기 위해 도움이 되는 규칙을 간단히 정해볼게요. 앞의 포스트잇에 팀이 함께 지켜야 할 규칙을 두 가지씩 적어주세요.

➡ 팀 규칙을 명목집단법 방식으로 적어보도록 한다.

> 간단하게 모아볼까요? ○○님부터 포스트잇을 붙이고 이야기해주세요.

➡ 팀 규칙을 공유하고 그룹화한다.

> 우리가 반드시 지켜야 할 규칙 세 가지만 뽑겠습니다. 본인이 생각했을 때 팀의 활동을 긍정적으로 이끌 팀 규칙에 투표해주세요.

➡ 멀티 보팅을 통해 팀 규칙의 우선순위를 정한다. 최종 선정된 규칙은 팀원 모두가 잘 보이는 곳에 기록해둔다.

1. 미팅 진행시간동안 스마트폰 손도 대지 않기

2. '그건 좀', '그건 아니고' 하는 비판적 언어 사용하지 않기

3. 반드시 의견 한가지 이상씩 내기

4. 발언하는 사람쪽으로 몸의 방향을 틀고 진지하게 들어주기

온택트 퍼실리테이션

　　코로나19의 확산은 우리 삶에 많은 변화를 주었다. 재택근무가 일상화되었고 교육과 만남의 방식에도 변화가 생겼다. 그 중심에는 온라인 화상 미팅이 있다. 초등학생도 온라인 소통 플랫폼을 익숙하게 사용하게 되었고, 마을의 의제를 다루는 주민자치회 회의가 화상으로 진행되고 있으며, 평생교육 현장에서 이루어지는 교육 또한 원격으로 대체되었다. 기업에서는 화상회의가 업무처리 방식으로 정착되었고, 두 시간의 회의를 위해 세 시간의 거리를 오가던 직장인들의 업무도 화상회의를 통해 효율화되었다. 이렇듯 온라인 회의의 비중이 늘어남에 따라 온라인 세상 안에서의 소통을 중재하는 온라인 퍼실리테이션에 대한 관심도 높아지고 있다.

온택트 퍼실리테이션이란

언택트Untact와 온택트Ontact의 차이를 아는가? 언택트는 '접촉하다'란 의미의 'Contact'와 부정의 의미를 담은 'Un'을 합쳐서 만들어진 신조어로 사람과 사람의 접촉을 최소화하는 비대면의 의미를 담고 있다. 온택트는 앞서 말한 언택트에 온라인을 통한 외부와의 연결 'On'을 더한 개념으로, 온라인을 통해 대면하는 방식을 가르킨다.[35]

어떤 이는 On의 발음 '온'을 한자의 따뜻할 온의 뜻을 더해 비록 사람과 사람의 접촉은 이루어지지 않고 있지만 온라인 안에서도 오프라인 환경처럼 따뜻함을 느끼며 제대로 된 소통을 하는 의미를 더해 사용하기도 한다. 우리 네 명의 저자가 온라인상에서 이루어지는 퍼실리테이션을 온택트 퍼실리테이션이라고 이름한 이유는 온라인에서 제대로 된 소통을 촉진하는 것의 중요성을 강조하기 위해서다. 그렇다면 언택트 상황에서 제대로 된 온택트 회의를 설계하고 운영하려면 퍼실리테이터는 어떤 역할을 해야 할까?

온택트 퍼실리테이션은 온라인 공간에서 이루어지는 회의, 교육, 워크숍 등을 효율적으로 이끌도록 촉진하는 퍼실리테이션을 말한다. 회의 공간은 온라인이지만 회의에 참여하는 사람 중 소외되는 사람 없이 모두 열정적으로 참여하는 가운데(전원 참여) 주어진 시간 안에(시간준수) 밝고 긍정적인 분위기 안에서(화기애애) 목표로 한 결론에 이르도록(결론 도출) 돕는 회의의 기본 목표는 오프라인에서 진행되는 회의와 동일하다. 다만 회의가 진행되는 공간이 온라인이기 때문에 회의 목표 달성을 위한 퍼실리테이션 방법은 달라질 수 있다. 온택트 퍼실리테이션을 효율적으로 구현하기 위해서는 퍼실리테이터가 온라인에서 진행되는 회의의 특성과 한계, 그리고 상황에 맞춰 사용할 수 있는 도구를 제대로 알아야 한다.

온택트 퍼실리테이션에서의 도전과제

온라인 회의를 처음 접하면서 우리가 마주했던 느낌, 감정은 무엇이었나? 우리가 만난 참가자들은 새로운 환경에 대한 호기심과 환영보다는 어려움을 토로하고 있었다. 이는 퍼실리테이터인 우리가 극복해야 할 과제였다.

제이 랜런 모리스와 커스틴 클레이시는 《언택트 리더십》[36]에서 데이비드 록 박사의 SCARF 모델을 기반으로 원격 협업의 도전 과제를 다섯 가지로 제시했으며, 이를 살펴보는 것은 온택트 퍼실리테이션에서 어떤 것들을 고려해야 하는지 알아보는 데 의미가 있다.

◑ **지위(Status) : 스스로가 얼마나 중요하고 가치 있다고 느끼는가?**

회의 참여자가 스스로 열등하고 제대로 인정받고 있지 못하다고 느낀다면 회의에서 최상의 능력을 이끌어낼 수 없다. 온라인 회의 참가자가 기술적인 문제로 어려움을 겪고 있는 상황에서 회의가 진행되거나 회의에서 활용되는 도구 사용에 익숙하지 않아서 느끼는 열등감이나 본인이 제시한 의견에 대한 묵살, 비판을 받아 느끼는 불쾌함은 회의 참가자 자신의 지위에 대해 의문을 품게 한다.

> **퍼실리테이터의 역할** 퍼실리테이터는 참가자가 회의에 참여하는 데 기술적으로 어려움이 없는지 먼저 확인해야 한다. 오프라인 회의에서는 쉽게 감지되는 경청의 표현(고개 끄덕임, 발언자를 향한 몸의 움직임, 감탄사 등)이 온라인 공간에서는 단절되면서 참가자의 발언에 대해 반응이 표현되지 않는 경우가 발행한다. 퍼실리테이터는 논

의되는 의견에 적극적으로 반응하는 방법을 안내하여 발언자들이
자신의 의견이 무시 또는 부정되고 있다고 오해하지 않도록 한다.

◑ 확실성(Certainty) : 주어진 상황은 얼마나 확실한가?

온라인 회의에서는 물리적으로 떨어진 공간에서 회의에 참여하기 때문에
정보 공유가 불충분한 경우가 발생한다. 이는 회의 참여자의 불안을 촉진
하는 요인이다.

> **퍼실리테이터의 역할** 참가자들의 상황이 어떤지, 회의 내용에 대해
> 어느 정도 파악하고 있는지, 공유하는 자료 화면을 잘 따라오고 있
> 는지, 토의의 취지나 결론을 내는 과정에 대해 제대로 이해하고 있
> 는지 지속적으로 확인해야 한다.

◑ 자율성(Autonomy) : 주어진 상황에 얼마나 통제권이 있다고 느끼는가?

개인이 주도적으로 갖는 선택권의 보장이 없으면 온라인 회의 참여자는 불
안을 느끼게 된다.

> **퍼실리테이터의 역할** 회의 진행에 관한 의사결정에 참여자가 함께
> 할 수 있도록 한다. 어젠다를 통해 회의 진행 프로세스를 합의하
> 고 그라운드 룰을 통해서 회의 규칙을 정하고 지켜가도록 돕는다.

◑ 관계성(Relatedness) : 주변 사람과 얼마나 친밀하게 연결되어있다고 느끼는가?

참가자 간에 서로 어색하거나 소속감이 없는 상태가 누군가에게는 힘든 시

간이 될 수 있다. 특히 온라인 회의는 모니터 너머에 있는 고립된 공간에서 이야기를 나누는 것이기 때문에 가깝게 연결되어있다고 느끼기 힘들다. 오 프라인 회의장에서는 잘 모르는 사람이 있더라도 명함을 건네며 인사를 나 눌 수 있지만 온라인에서는 전체가 마주하는 상황이다 보니 먼저 말을 걸 거나 본인을 소개하는 진행이 어렵다.

> **퍼실리테이터의 역할** 회의실에 입장하면 이름과 소속을 기록하도록 안내하고 채팅창에 인사말을 건넬 수 있도록 한다. 또한 퍼실리테 이터가 먼저 인사말에 반응해주며 관계성을 쌓아나간다. 회의 초 반에 퍼실리테이터가 참가자 간에 소개하는 시간을 갖는 것은 중 요한 일이다. 간단한 스몰토크를 통해 참가자 간에 연결고리를 만 들고 인지하도록 돕는 과정이 필요하다.

◑ 공정성(Fairness) : 주어진 상황을 얼마나 공정하고 평등하게 느끼는가?

온라인 회의에서 상급자가 토의 내용을 주도한다던지, 참여자 간에 온라인 회의 환경에 익숙한 정도가 차이가 나는 상태에서 회의가 진행되고 있다 면 그 사람은 이 상황을 불공평하게 느끼고 뇌는 위협으로 감지할 수 있다.

> **퍼실리테이터의 역할** 회의 참여자의 발언 시간이 공정하게 배분되 도록 돕고, 참여자 모두가 동일한 조건에서 회의에 참여하도록 돕 는다. 직급에 따라 혹은 회의 도구 활용에 익숙하다는 이유로 회 의를 주도하는 것을 방지한다.

온택트 퍼실리테이션을 위한 퍼실리테이터의 역할

최근 마이크로소프트 휴먼 팩터 엔지니어링 그룹의 휴먼 팩터 랩Human Factors Lab에서는 연속되는 화상 회의가 초래하는 결과에 대한 실험을 진행하고 '뇌에 휴식이 필요하다'는 연구 결과를 발표했다. 마이크로소프트가 발표한 〈2021 워크 트렌드 인덱스〉에 따르면 설문조사에 참여한 응답자의 54%가 과로를 느낀다고 답했고 이들 중에서 39%는 완전히 지쳤다고 응답했다. 보고서는 "원격과 하이브리드 작업으로 인한 디지털 과부하로 인해 뇌뿐만 아니라 몸과 마음이 지쳐가는 상황을 시급하게 해결해야" 하는 중요한 과제라고 밝혔다.[37]

그렇다면 이러한 상황을 어떻게 극복해야 할까?

쉽게 생각할 수 있는 불필요한 화상회의를 줄이는 것이다. 그런데 불가피하게 진행되어야 하는 회의는 늘 있지 않은가? 그러한 회의를 효율적으로 진행하는 것이 또 다른 대안이지 않을까? 온택트 퍼실리테이션이 중요한 이유이다.

온라인이라고 해서 오프라인 회의에서의 퍼실리테이터 역할이 다르지는 않지만 온라인 상황의 특성상 퍼실리테이터가 좀 더 적극적으로 상황을 살피고 촉진해야 하는 부분이 있다. 지금부터는 온택트 퍼실리테이션을 위해 퍼실리테이터가 해야 할 역할을 세 단계(확인하기, 요청하기, 보여주기)로 구분해서 살펴보도록 하겠다.

온라인 회의를 준비하는 단계에서 참가자의 디지털 환경, 친숙도 등을 확인한다. 기업이나 공공기관은 PC를 통해 대부분의 업무가 이루어지기 때문에 디지털 역량이 크게 문제 되지 않는다. 예를 들어 화상회의 플랫폼을 처음 사용하는 경우라 하더라도 간단한 안내를 통해서 온라인 회의에 안정적으로 참여하도록 할 수 있다. 하지만 개인 참가자는 스마트 기기 준비에서부터 인터넷 환경, 앱이나 프로그램을 설치하는 것을 스스로 해결하기에 어려울 수 있다. 온라인 회의가 시작되기도 전에 준비하느라 진이 빠져버리는 것이다.

퍼실리테이터는 이러한 참가자의 고충을 놓치지 않고 담당자와 사전 준비 사항을 논의해야 한다. 예를 들면 주민자치 위원들이 제대로 회의에 참여할 수 있도록 줌 교육을 사전에 진행할 수도 있고, 회의 전에 인터넷, 스마트 기기 환경을 테스트하여 안정적으로 회의가 진행되도록 준비한다.

오프라인 회의에서는 참가자가 회의장에 모두 입장했는지 쉽게 확인할 수 있으며, 약속된 시간이 되면 바로 시작할 수 있다. 하지만 온라인 회의에서는 좀 다르다. 회의 참석자 확인도 해야 하지만 참가자들의 기술적인 부분에 대한 확인이 필요하다. 화면상으로는 참가자가 모두 출석해서 회의를 시작했는데, 진행 중 한 참가자에게 의견을 묻자 오디오가 제대로 연결되지 않아 이를 해결하는 데 시간이 소요되어 적잖이 당황한 적이 있다. 또 온라인 공간에는 들어와 있는데 얼굴이 보이지 않아 가짜 참가자로 오해했다가 나중에 알고 보니 사무실 컴퓨터에는 카메라가 없어서 그렇다는 내용을 채팅으로 전해오는 경우도 있었다. 따라서 참가자 입장 확인에서부터 오디오, 비디오 체크를 사전에 안내하고 확인하는 과정이 필요하다. 오디오나 비디오가 제대로 연결되지 않는 경우 채팅창을 통해서 적극적으로 본인의 상황을 알릴 수 있도록 안내하면 참가자들이 좀 더 편안하게 회의를 준비할 수 있을 것이다.

회의 참가자 안내용 화면

1단계 : 확인하기　　　　　**발표자 확인하기**

회의 진행 중 발표자가 있는 경우 사전에 발표자와 발표 리허설이 필요하다. 발표자의 오디오, 비디오 체크부터 발표 자료를 누가 공유해줄지(본인이 직접 한다면 화면 공유기능과 필요에 따라 주석기능을 안내한다)도 확인이 필요하다. 발표자 명단에 따라 발표를 요청했는데 본인이 오늘 발표자인지 모르는 경우, 또는 휴대폰이나 태블릿으로 참여해서 화면 공유에 어려움이 있는 등 회의 흐름과 시간을 지체하는 경우를 방지하기 위해서 꼭 필요하다.

2단계 : 요청하기　　　　　　　　　**이름 바꾸기**

앞서 관계성의 취약이 회의에 어떤 영향을 미치는지를 설명하였다. 참가자가 회의에 입장하면 이름이 나오는데 접속하는 스마트 기기 자체의 이름으로 나오거나 이전 회의에서 사용했던 이름이 그대로 남아 있어 참가자를 확인하기 어려운 경우가 있다. 오프라인 회의라면 회의 시작 전에 명함을 교환하거나 자리에 준비된 명찰 등을 통해 소속과 이름을 확인하지만 온라인 회의장에서는 누군가가 진행하기 전에 오

이름 바꾸기 안내

디오를 열어 먼저 인사를 나누기가 어렵다. 이런 시간이 길어질수록 회의 참가자의 머릿속에서는 '빨간 벨'("도망가. 여긴 당신이 아는 사람이 하나도 없는 위험한 지역이야!")이 울리게 된다. 이를 막으려면 참가자에게 이름 바꾸기 기능을 안내하고 서로를 확인할 수 있도록 조치를 취한다. 그것만으로도 관계성을 확보하는 데 도움이 된다.

2단계 : 요청하기 **발언권 넘겨주기**

온라인 회의를 운영하다 보면 오디오 잡음을 방지하기 위해 발언자만 오디오를 켜고 나머지는 음 소거하는 경우가 있다. 음 소거 상태로 있다가 본인이 의견을 내야 할 때 다시 오디오를 켜고 발언하는데, 이때 다음 발언자가 오디오를 켜고 답변하는 데 시차가 생기면서 정적과 지연이 발생한다. 순간의 정적은 회의의 몰입과 에너지를 떨어뜨린다. 따라서 이 순간을 정적으로 남겨두지 말고 적극적으로 퍼실리테이터가 다음 발언자를 소개하면서 오디오를 켜는 시간을 만들어주어야 한다.

발언자가 정해져 있지 않은 경우에는 어떻게 해야 할까? 오프라인 회의장에서는 다음에 발언하고 싶은 사람을 오감으로 확인할 수 있다. 예를 들면 진행자에게 손을 들어 보이거나 눈짓을 주는 경우도 있고 '다음은 내 차례야' 하는 의미를 담아 "스읍" 하고 말하기 전 숨을 고르는 소리 등 주위를 살펴보면 다양한 방법으로 가능하다. 그런데 온라인은 그러한 관찰이 어렵다. 때문에 참가자의 적극적인 표현이 절실히 필요하다. 퍼실리테이터가 발언하고자 하는 사람은 채팅이나 손들기 기능으로 알려달라고 미리 요청한다면 이러한 목적을 좀 더 수월하게 달성할 수 있다.

회의 초반에 참가자들에게 자주 하는 질문이 있다. "우리가 발언자에게 잘 듣고 있고, 잘 참여하고 있다는 걸 모니터 너머로 보여주려면 어떻게 해야 할까요?" 그러면 여러 대답이 나온다. 몸짓으로 고개를 끄덕이거나 엄지를 들어 올려 몸으로 먼저 반응해주는 경우도 있다. 또 채팅, 박수, 아이 콘택트, 이모티콘 보내기 등 다양한 의견이 나온다. 그러면 이어서 이렇게 이야기한다. "지금 말씀하신 것들을 적극적으로 보여주세요. 그럼 오늘 회의는 훨씬 편하고 적극적인 회의가 될 것입니다." 그러고는 한 번씩 그 기능들을 다 같이 연습해본다. 알고는 있지만 혼자 하면 튀는 것 같고 그리 영양가도 없을 것 같다는 생각으로 주저하는데 참가자들과 함께 연습하면서 공식 언어로 만들면 모두가 편하게 활용할 수 있다.

오프라인 회의에서는 프린트물이나 프로젝터를 통해 회의 자료를 공유한다. 그리고 논의되는 내용들을 화이트보드나 포스트잇, 이젤 패드(전지) 등에 기록해나간다. 온라인 회의에서는 어떻게 할까?

회의 자료 프린트물은 파일 공유로, 프로젝터로 보여주는 회의 자료는 화상 회의 플랫폼의 화면 공유하기 기능으로 치환하여 진행할 수 있다. 그런데 논의 결과는 어떻게 보여주는가? 휘발성이 강한 말은 참가자들의 기억에서 쉽게 날아간다. 그래서 앞에서 결정된 사항을 기록하지 않으면 기억하지 못한다. 참가자 각자가 알아서 기록할 수도 있지만, 온라인에서는 앞서 이야기했던 경청의 표현이 줄어들면서 회의의 몰입감을 떨어뜨릴 수 있다. 따라서 온라인 회의 도구를 활용해서 논의된 내용을 다 같이 확인할 수 있도록 작성하고 보여주는 것이 필요하다. 논의된 내용을 바로 기록하고 빠르게 공유할 수 있다는 점은 온라인 회의의 장점이기도 하다. 다음은 회의 중 자주 사용하는 방법들이다.

- 채팅창을 통해서 주요 내용 정리하기
- 회의록 작성화면을 화면 공유로 보여주기
- 화면 공유하기로 관련 자료를 공유하고 주석 작성하기
- 화이트보드 기능(화면 공유 기능)으로 토의 내용 기록하기
- 온라인 협업 도구 활용하기(236쪽 참조)

여기에서 핵심은 대화만으로 진행되는 회의는 집중하기 어렵고 중간중간 논의된 내용들을 확인할 수 없다는 점이다. 퍼실리테이터는 기록자를 지정하거나 참가자 모두가 함께 정리하거나, 때에 따라서는 퍼실리테이터 자신이 기록자의 역할을 하게 될 수도 있다. 중요한 것은 단절된 공간에서 언어적 커뮤니케이션뿐만이 아니라 적극적으로 공동의 언어를 통해 정리하고 공유한다는 점이다.

알아두면 도움되는 디지털 도구 활용 팁

듀얼 화면 한 화면에 참가자들의 얼굴과 회의 자료를 모두 띄워놓다 보면 참가자들의 반응을 살피기 어려운 경우가 있다. 이때 모니터를 한 대 더 연결해 참가자만 보일 수 있도록 하면, 참가자들의 몸짓, 표정을 관찰할 수 있다. 모니터가 없는 경우에는 휴대폰으로 접속해서 발표 자료는 휴대폰으로 확인하고 컴퓨터 화면에는 참가자 위주로 보는 것으로 기능을 분리하면 도움이 된다.

소회의실 운영(ZOOM) 회의 참가자가 많거나 안건이 여러 개여서 소회의실을 운영해야 하는 경우가 있다. 이때 회의실에 본인이 찾아서 들어가거나 입장 확인 버튼을 눌러야 들어가지는 경우가 있어 회의실 입장이 지연되는 경우가 종종 생긴다. 또 소회의실 간 시간 관리가 되지 않아 회의가 지연되는 경우가 있다. 이때 소회의실 옵션을 활용하면 쉬워진다. 소회의실 운영 시간을 지정해두면 참가자들의 화면에 남아있는 시간이 자동으로 활성화되어 토의 시간이 얼마나 남았는지 확인이 가능하다.

❶ 소회의실 자동 입장 활성화

❷ 소회의실 운영 시간 활성화 및 시간 지정(소회의실이 닫히는 시간이 되면 호스트에게 알림이 온다. 이때 소회의실은 자동으로 닫히지 않으므로 추가 시간이 필요하다면 회의실을 닫지 않고 유지할 수 있다)

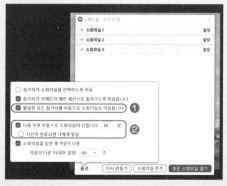

줌에서 소회의실 옵션

온택트 퍼실리테이션을 돕는 디지털 툴

온라인 회의가 늘어나면서 온라인상에서 협업을 돕는 다양한 도구가 소개되고 있다. 교육, 프로젝트 관리 등의 목적으로 개발된 도구이지만 온라인상에서 효율적으로 소통을 이끌어야 하는 퍼실리테이션에 도움이 되는 도구들로 활용할 수 있다. 여기에서는 우리 네 명이 직접 경험하면서 퍼실리테이터로서 활용하면 도움 되는 온라인 툴 두 가지를 소개한다. 이 도구를 선택한 이유는 다음과 같다.

- 사용 방법이 간단하다. 사용 방법을 새로 배우지 않고 빠르게 쓸 수 있다.
- 참여자들의 접근성이 좋다. PC나 모바일에서도 사용할 수 있고 사이트 링크 등으로 쉽게 접근할 수 있다.
- 회의 자료를 오프라인처럼 시각화할 수 있다(포스트잇, 자료 업로드 등).
- 참여자 간에 상호작용 효과를 높일 수 있다(실시간 작업과 공유).

알로   allo.io

알로는 국내의 스타트업 오시리스 시스템즈가 2010년도에 개발한 클라우드 기반의 비주얼 업무 공간Visual workspace이다. 비캔버스라는 이름으로 서비스하다가 2021년 알로라는 이름으로 전 세계에 서비스하고 있다. 알로는 우리나라에서 만든 도구이지만 유럽 최고의 항공기 제조업체인 에어버스Airbus 외에 디즈니, 에어비앤비, 페이스

북, 슬랙 등이 초기 유저로 참여했다. 한국에서는 삼성전자와 현대자동차에서 사용되고 있으며 최근 온라인 화상회의 플랫폼인 줌과 앱 연동을 통해 활용도를 높이고 있다.[38]

◑ 회의 운영 시 장점

우리나라에서 개발한 글로벌 협업 도구이기에 프로그램의 한글화가 가장 잘 되어있다. 회의 참가자들은 파워포인트와 유사한 이미지와 기능 배치로 예상보다 쉽게 활용할 수 있다. 5분 정도의 설명이면 "오~ 이거 생각보다 쉬운데…"라는 반응이 온다. 아래 그림에서 보는 바와 같이 화면 왼쪽에는 총 10개의 입력 기능이 담긴 툴 바가 있다.

알로 인터페이스

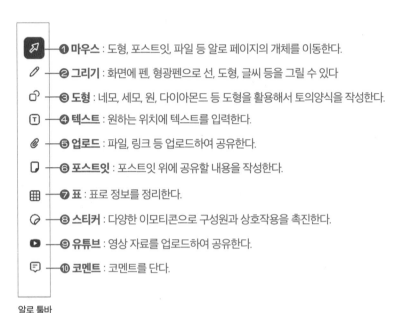

마우스 : 도형, 포스트잇, 파일 등 알로 페이지의 개체를 이동한다.

그리기 : 화면에 펜, 형광펜으로 선, 도형, 글씨 등을 그릴 수 있다

도형 : 네모, 세모, 원, 다이아몬드 등 도형을 활용해서 토의양식을 작성한다.

텍스트 : 원하는 위치에 텍스트를 입력한다.

업로드 : 파일, 링크 등 업로드하여 공유한다.

포스트잇 : 포스트잇 위에 공유할 내용을 작성한다.

표 : 표로 정보를 정리한다.

스티커 : 다양한 이모티콘으로 구성원과 상호작용을 촉진한다.

유튜브 : 영상 자료를 업로드하여 공유한다.

코멘트 : 코멘트를 단다.

알로 툴바

알로 페이지는 텍스트 작성과 이미지나 자료를 실시간으로 업로드하고 공유할 수 있기 때문에 직관적으로 회의 내용을 이해하고 협업할 수 있다. 가장 큰 장점은 프로젝트라는 개념의 워크스페이스에 참가자를 초대하면 그 안에서 작성된 캔버스(페이지들을 모아놓은 파일과 같은 개념)를 다 볼 수 있다는 점이다. 알로 프로젝트에 초대된 회의 참가자는 자신의 '문서 공유함'으로 프로젝트가 자동 연결된다. 그러면 회의 때마다 매번 링크 주소를 주지 않아도 프로젝트에 들어와서 자료를 작성하고 공유할 수 있어 회의 전후에도 지속해서 내용을 업데이트할 수 있다.

◐ 퍼실리테이션 사례

오프라인 회의장에서처럼 퍼실리테이터가 이젤 패드에 토의 양식을 작성해놓고 그 양식에 회의 참가자들이 의견을 모으고 분류하고 결정할 수 있다. 특히 2~3개월 이상의 기간에 걸쳐 여러 번의 회의를 하는 경우라면 그 자료들이 계속해서 페이지, 캔버스(파일 개념), 칼럼(폴더 개념)의 형태로 온라인상에 축적되기 때문에 회의/프로젝트의 진행 단계별로 캔버스에서 토의 내용을 기록하거나 피드백할 수 있다. 회의를 마친 이후에도 자료를 추가로 작성할 수 있고 관련 자료를 업로드할 수 있어 언제든 참가자들과 업데이트된 내용을 공유할 수 있다.

알로 - 과제 선정

프로젝트팀이 과제를 결정하는 토의를 진행하려고 한다. 오프라인에서와 마찬가지로 참가자 전원의 의견을 듣기 위해 포스트잇에 개인의 생각을 기록하고 의견을 나눈 후 투표로 결정하는 절차를 알로를 활용해 진행할 수 있다. 알로의 페이지에 회의 안건을 공유하고 의사결정 하는 절차는 다음과 같다.

> 오늘은 우리 팀이 두 달 동안 집중해서 고민할 ○○ 현장의 문제를 찾고 결정하고자 합니다. 주제에 대해서 이야기를 나누기 전에 15분의 시간을 드리겠습니다. 화면에 보이는 노란색 포스트잇에 그동안 각자 생각했던 ○○ 현장의 문제를 적어주세요. 포스트잇 한 장에 한 가지 의견만 적어주세요. 15분 후에 한 분씩 돌아가면서 포스트잇에 적은 내용을 공유하도록 하겠습니다.

▶ 퍼실리테이터가 오늘 회의의 아웃풋을 설명한다. 알로 페이지에 포스트잇을 세팅해놓고 참가자가 작성할 수 있도록 15분간 시간을 준다. 알로의 장점은 참가자가 포스트잇에 적는 내용을 실시간으로 확인할 수 있다는 것이다. 참가자들이 작성하는 데 주저하고 있거나 작성하고 있는 내용이 오늘의 회의 주제와 맞지 않다면 잠시 기록을 중단하고 전체에서 다시 작성 안내를 할 수 있다. 또는 작성하기 위해 참가자들에게 질문을 받을 수 있다.

> 포스트잇에 기록된 내용을 공유하겠습니다. 맨 왼쪽 상단에 있는 포스트잇을 작성하신 분부터 돌아가면서 설명해주세요. 다른 팀원들은 궁금한 점을 질문해주세요. 최종 결정은 노란 포스트잇의 내용 공유를 마친 후에 진행할 것이므로 판단보다는 내용에 대한 이해에 집중해주세요.

▶ 작성 마친 것을 확인하고 내용을 공유하도록 한다. 온라인에서는 다들 의견을

개진하기 어려워한다. 이때 먼저 발표할 사람과 순서를 사전에 공지하면 매끄럽게 진행할 수 있다. 설명이 끝나면 관련해서 궁금한 점이나 확인할 점이 있는지 확인하면서 참가자 간 소통을 촉진하고 내용에 집중할 수 있도록 한다.

> 비슷한 주제가 있나요? 동일한 주제, 맥락이 같은 주제의 포스트잇은 한쪽으로 드래그해서 모아보겠습니다. 이때 포스트잇을 겹쳐서 두되 그중에 대표하는 주제가 맨 위에 보이게 하는 것이 좋습니다.

▶ 명목집단법을 통해 의견을 나누면서 유사한 주제끼리 그룹화하고 정리하도록 안내한다. 정리하는 과정에서 새로운 주제가 생각난다면 기록하고 공유하도록 한다.

> 10개의 주제로 정리되었고 이 중에서 한 개를 정하려고 합니다. 한 사람당 4개의 투표권이 있습니다. 좌측 툴바에서 스티커로 원하는 주제가 적힌 포스트잇에 투표해주세요. 포스트잇 하나에 스티커 한 개만 붙일 수 있습니다.

▶ 2/n-1 공식으로 복수투표 투표권과 방법을 안내한다. 알로의 스티커 기능으로 개인별로 투표하는 모습을 확인할 수 있다. 투표를 마친 후에는 투표수의 합이 맞는지 확인한다. 참가자가 여섯 명이고 1인당 투표권이 4개라면 총 24개의 스티커가 포스트잇에 있어야 한다.

> 투표 결과로 주제가 정해졌습니다. 우리 팀이 향후 3개월간 집중해서 고민해야 할 주제입니다. 가운데 파란 포스트잇에 기록해주세요.

▶ 의사결정된 내용을 팀원과 확인하고 가운데 파란색 포스트잇에 주제를 적어 시각화한다. 의견으로 기록된 내용이 프로젝트 과제명으로 바로 쓰기 어렵다면 팀원들의 의견을 추가하여 과제명을 다듬어 기록한다.

패들렛은 하나의 작업 공간에 여러 참가자가 동시에 메모지를 작성하는 작업이 가능한 웹 애플리케이션이다. 화이트보드에 회의 내용을 적거나 포스트잇이나 자료를 붙이는 것을 웹상에서 한다고 보면 된다. 어릴 적 학교 앞 분식점의 벽면에 빼곡히 쌓여있던 메모지를 기억하는가? 누가 다녀갔는지, 어떤 기념일에 다녀갔는지, 함께 온 사람과의 우정을 표현하기 위한 작은 메모지들이 벽 한 면을 가득 채워서 추억을 남겼고, 또 다른 누군가도 그 공간을 찾았을 때 읽어보겠거니 하는 생각으로 글귀를 남겨두기도 했다. 패들렛을 직역하면 이러한 메모들을 담고 있는 '담벼락'을 의미한다. 다만 이 패들렛에서 제공하는 메모지에는 글자와 그리기뿐만 아니라 이미지, 파일, 링크 등의 콘텐츠를 추가할 수 있으며 참가자들은 이 메모지에 실시간으로 작성하고 바로 공유할 수 있다.

◑ 회의 운영 시 장점

패들렛은 가입하지 않아도 링크나 QR 코드, 메일, SNS 등 다양한 채널을 통해 참가자를 초대할 수 있다. 모든 메뉴는 이미지로 표현되어 있으며, 콘텐츠 업로드는 드래그앤드롭과 클릭으로 가능하여 초등 교육에서도 온라인 수업에 널리 쓰인다. 초등학생도 쉽게 사용할 수 있다는 점은 회의에서 사용 방법 안내에 많은 시간을 들이지 않고 함께 활용할 수 있다는 것을 나타낸다. 또한 대화로만 끝내지 않고 논의되는 내용을 바로 정리해서 보여줄 수 있기 때문에 참가자의 몰입도를 유지하는 데 도움이 된다. 한 번에 한 명씩만 말할 수 있는 오디오와 달리 패들렛에서는 동시에 참가자가 의견을 적거나 관련 자료를 메모지에 업로드할 수 있어 회의 중 작업 결과물로 바로 정리가 가능하며 이미지, PDF, Excel 등 다양한 형태로 저장하여 보관할 수 있다. 패들렛은 협업 내용의 가독성, 활용도를 높이기 위해 일곱 가지 서식을 제공한다. 서식은 작업 공간에 한 개만 적용할 수 있으며 회의 내용을 어떻게 시각화하고 정리할 것인지에 따라 활용하면 된다.

담벼락 : 벽돌 형식의 레이아웃으로 메모지를 빈 공간 없이 쌓아 배치한다.

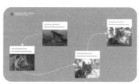

스트림 : 메모지를 읽기 쉬운 1열의 하향식으로 배치한다.

그리드 : 체크 박스로 구성된 작업 공간에 메모지를 한 개씩 배치한다.

셸프 : 작업 공간의 상단에 칼럼식으로 구조화하고 칼럼을 기준으로 메모지를 쌓아 배치한다.

지도 : 지도상의 지점에 메모지를 추가한다.

캔버스 : 메모지를 작업 공간의 어느 곳이든 마음대로 배치하거나 그룹화하여 메모지 간 연결한다.

타임라인 : 작업 공간을 가로지르는 한 개의 가로선을 따라 메모지를 좌우로 배치한다.

◑ 패들렛 작성방법

패들렛에서 원하는 서식을 선택하면 아래와 같은 작업 페이지가 나온다(아래 예시는 자주 활용하는 담벼락 서식으로 구성했다). 화면은 네 가지 영역으로 구성된다.

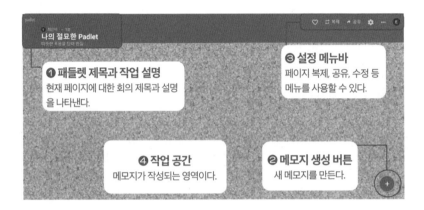

❶ 메모지 생성 : [메모지 생성 버튼]을 클릭하면 메모지가 생성된다. 메모지에는 텍스트뿐만 아니라 이미지, 링크, 파일 등 다양한 형태의 정보를 함께 기록하고 공유할 수 있다.

❷ **공유 기능** : 회의 구성원 초대를 위한 링크, QR 코드, 이메일 등과 같은 다양한 채널이 제공된다. 프라이버시에서는 참가자의 페이지 작업 권한을 읽기, 작성, 편집의 3단계로 설정할 수 있으며, 작업한 내용을 이미지나 PDF, Excel 등의 형태로 저장하는 기능이 있다.

클릭

❸ **수정 기능** : 패들렛의 제목, 설명, 배경 화면과 글꼴 등 편집에 대한 수정과 댓글 허용 여부, 게시물 반응 여부 등의 편집 관련 기능을 수정할 수 있다. 댓글과 반응은 회의 기록물에 대해서 다른 참가자들이 추가 의견을 내거나 의사결정을 위한 투표 기능으로도 활용할 수 있다.

클릭

◑ 퍼실리테이션 사례

○○시 마을 공동체 열 개 기관이 모인 첫 회의에서 기관별로 소개하며 네트워킹이 자연스럽게 이루어지도록 하고자 한다. 셀프 서식으로 패들렛을 설정하고 세션 명에는 기관별 이름만 적어둔다.

페들렛 사례

프로젝트에 앞서 참여하신 열 개 기관에 대한 소개를 나누도록 하겠습니다. 먼저 기관별 현황과 자랑할 부분들을 패들렛에 기록한 다음 공유할 텐데요. 보시는 화면 상단에 기관명이 적혀있습니다. 해당 기관명 아래의 + 버튼을 눌러서 온라인 포스트잇에 내용을 기록하면 됩니다. 포스트잇 중앙의 돋보기 버튼을 누르면 기관 사이트 링크나 활동사진, 뉴스 자료도 첨부할 수 있습니다. 포스트잇 한 장에 한 가지씩 기록하면 됩니다. 먼저 시간을 드리겠습니다. 기관별 팀원들과 20분간 소회의실에서 논의하면서 소개할 자료를 포스트잇에 기록해주세요.

▶ 퍼실리테이터가 사전에 세팅해놓은 셀프 서식에 기관명을 기록해둔다. 기관 소개 내용은 텍스트뿐만 아니라 링크 주소, 이미지, 뉴스 기사 등 다양한 자료를 검색해서 포스트잇에 기록할 수 있다. 기관별로 소회의실을 구성하고 소회의실에서 기록할 내용들을 논의하면서 작성할 수 있도록 안내한다.

지금부터 기관별로 소개하겠습니다. 맨 왼쪽에 있는 기관부터 시작할게요. 발표자분은 패들렛 화면을 공유해주세요. 업로드된 사진과 사이트는 클릭하면 크게 보입니다. 설명하면서 한 번씩 클릭해서 보여주면 좋습니다. 다른 기관의 팀원분들은 소개를 들으면서 궁금한 점을 해당 포스트잇에 댓글로 남겨주세요. 설명 후에 질의응답을 받도록 하겠습니다. 공감되거나 도움 되는 정보에는 ♡ 버튼으로 공감해주세요.

▶ 이미지와 사이트, 영상 등은 전달하고자 하는 내용의 효율적 소통을 돕는 시각 자료가 된다. 수정 기능 중 포스트잇의 댓글과 반응 기능을 활성화하여 서로 공유되는 내용에 대한 질의응답을 촉진하고 반응으로 상호작용하도록 한다. 댓글 기능은 미처 답변하지 못한 질문에 대해 추후 댓글로 답변을 주고받도록 안내한다.

망원경

퍼실리테이터의 비기 - I AGREE

지금까지 퍼실리테이터가 진행하게 될 회의 유형별로 세부 절차와 사례 그리고 사용하는 도구와 방법에 대해서 알아보았다. 퍼실리테이터가 진행하는 여러 가지 회의 사례에서 무엇인가 유사한 점이 있다는 것을 발견했는가? 지금부터 퍼실리테이터가 진행하는 회의를 특별하게 만드는 공통점에 대해 살펴보도록 하겠다.

I AGREE

I 아이스 브레이크(Ice-Break)

A 어젠다(Agenda)

G 그라운드 룰(Ground Rule)

RE 성찰(Reflection)

I AGREE(동의를 이끌어내는 회의 모델의 의미를 담았다)는 퍼실리테이터가 진행하는 회의에 필수적으로 들어가야 하는 내용이다. 회의가 진행되는 전체 프로세스를 '오프닝Opening → 두잉Doing → 클로징Closing' 3단계로 구분해 보면 대부분의 회의 리더나 실무자들은 회의의 본론인 '두잉'에 집중하고 있음을 알 수 있다. 회의 중 안건이 정리되거나 결정되면 수고했다고 손뼉을 치면서 서둘러 회의장을 빠져나갔던 모습을 생각해보면 이해가 될 것이다. 그런데 과연 회의의 두잉은 제대로 촉진되었을까? 혹시 밑도 끝도 없이 회의 본론이 시작되어 당황했던 경험, 함께 논의하는 사람들이 누구인지 파

약도 안 된 상태에서 진행된 경험, 회의 마무리가 아쉬웠던 경험을 가지고 있지는 않은가? 회의 목적을 달성하기 위해 두잉에 집중했지만 오프닝이 제대로 안 되어서, 클로징이 아쉬워서 회의 전체적으로 봤을 때 효과성이 떨어지는 경험을 가지고 있지는 않은가?

I AGREE는 퍼실리테이터가 회의를 진행할 때 간과해서는 안 될 것들을 정리하여 제시한 모델이다. 먼저 회의의 오프닝 단계에서 챙겨야 하는 세 가지는 아이스 브레이크, 어젠다, 그라운드 룰이다. 또 회의의 클로징 단계에서 꼭 해야 하는 한 가지는 성찰이다. 만약 누군가가 지금 당장 본인이 진행하고 있는 회의에서 무엇을 고쳐야 하는지를 한 가지만 말해달라고 한다면 우리는 단연코 I AGREE 모델을 이야기할 것이다. I AGREE 모델을 적용한 회의는 모두가 참여하는 회의를 만드는 중요한 출발점이 될 수 있다.

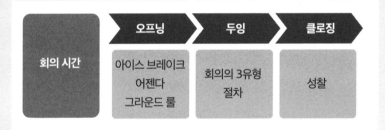

스페인 속담에 "첫 단추를 바로 끼워라. 그렇지 않으면 마지막 단추의 자리가 어렵다."라는 말이 있고, 우리 속담에도 "첫 단추를 잘 끼워야 한다."라는 말이 있다. 취업포털 커리어의 설문조사에 따르면 직장인 세 명 중 두 명이 회의로 인해 스트레스를 받는 것으로 나타났다.[39] 퍼실리테이터는 이러한 상황에서 어떻게 회의의 첫 단추를 잘 끼우도록 도울 수 있을까?

◖ 아이스 브레이크(Ice-Break) ◗

회의 오프닝의 첫 번째 단계는 아이스 브레이크다. 앞서 다양한 회의 사례에서 보았듯 아이스 브레이크는 참가자들이 회의 시작 전에 준비된 자리에 앉는 것에서부터 시작되며 참석자들을 회의에 몰입하게 만드는 출발점의 역할을 한다.

> 아이스 브레이크란 회의 시작 전에 참가자 전원의 참여 촉진을 위해서 참가자 간의 서먹한 분위기를 깨고 활기찬 분위기를 만들기 위한 모든 활동을 말한다.[40]

전문 퍼실리테이터가 아닐지라도 회의 진행을 잘하는 사람들을 보면 아이스 브레이크부터가 남다르다. 특히 참가자들이 서로 잘 모르는 사이인 경우 미묘한 긴장감이 돌면서 회의 시작 전까지 어색한 시간을 휴대폰을 만지작거리며 보내는 경우가 많은데 노련한 퍼실리테이터는 자연스러운 대화 촉진을 통해 이러한 분위기를 편안한 분위기로 바꿔나간다. 도착한 참여자에게 자리를 안내하면서 자연스럽게 인사를 건네고 공통 관심사에 대해 이야기하는 과정에서 참가자는 자연스럽게 입을 뗄 기회를 경험하게 되고 이는 향후 회의 참여를 촉진하는 중요한 계기가 될 수 있다.

참가자의 입을 열도록 하는 것 이외에 아이스 브레이크가 꼭 필요한 이유가 더 있다. TV 애니메이션 중에 〈놓지 마 정신줄〉이란 프로그램이 있다. 평범한 가족이 일상에서 가끔 정신줄을 놓게 되는 에피소드를 재미있게 풀어낸 애니메이션이다. 등장하는 캐릭터의 머리 스타일을 보면 정수리에 손 모양이 달려있다. 평소에는 빨랫줄(정신줄)을 잡고 있다가 무언가에 빠져들거나 이상한 경험을 하게 되면 이 정신줄을 놓게 된다. 정신줄을 잡았다가 놓았다가 하는 설정이 인기를 끌자 웹툰이 애니메이션으로까지 제작되어 방영되었다.

어느 날 회의를 진행하는데 몇몇 사람들 머리 위로 정신줄이 연결되어있는 것을 보았다. 회의에 집중하지 못하고 핸드폰을 보거나 뭔가를 생각하고 있는 사람들 머리 위로 잡힌 정신줄들은 회의장 밖으로 연결되어있는 듯했다. 이들의 정신줄은 무엇과 연결되어있는 것일까? 회의장에 오기 전에 다른 회의를 마치고 오는 경우도 있고, 보고서나 기획서 등 문서 작성을 하다가 오는 경우, 고객과 미팅이나 통화를 하다가 오는 경우도 있다. 그러다 보니 회의에 참여하게 되면 전에 했던 일이 머리에 남거나 다음에 해야 할 일들을 생각하게 되는, 소위 몸은 회의장에 있지만 정신은 다른 일에 가 있는 상황이 되는 것이다. 이런 연결고리를 보이지 않는 가위로 싹둑 끊어내는 활동이 필요하다. 정신줄을 놓으라는 것이 아니라 회의에 몰입하도록 돕기 위해 아이스 브레이크를 통해 다른 곳에 연결되어있는 정신줄을 걷어내도록 하는 것이다.

◑ 아이스 브레이크는 어떻게? ◐

아이스 브레이크를 진행하는 도구나 방법에 정해진 답은 없다. 회의의 목적과 장소, 참가자들의 특성에 따라서 퍼실리테이터가 참가자 간의 어색함을 깨고 회의에 온전히 집중할 수 있도록 한다는 목적에 따라 설계하면 된다. 앞선 여러 사례에서 제시한 것처럼 참가자 간 상호 소개하는 것, 공통 관심사에 대해 이야기하는 것 등이 이에 해당하며, 인터넷에 검색해보면 아이스 브레이크를 위한 게임도 많이 찾을 수 있다. 교육이나 워크숍 같은 경우 게임으로 대화를 유도하고 활기찬 분위기를 형성하는 것도 좋은 대안이다. 어떤 것이든 좋지만 진행하는 방법에 있어서는 다음과 같은 가이드에 준하는 것이 좋다.

1. 참가자 전원이 참여해야 한다. 늦게 도착하거나 진행 방식을 이해하지 못해 (또는 동의하지 않아) 제외되는 사람이 없도록 한다.

2. 아이스 브레이크 시간이라고 느껴지지 않도록 자연스럽게 시작한다. 이 시간도 회의의 일부이다. 이 시간이 별도의 프로그램으로 인지되면 회의 본론으로 빨리 가야 한다는 조바심을 느끼게 된다. 굳이 "아이스 브레이크를 시작하겠습니다."라는 멘트로 시작할 필요는 없다. 자연스럽게 참가자들의 대화(또는 활동)를 유도한다.

3. 시간 낭비라는 생각이 들지 않도록 짧게 운영한다. 참가자 간에 유의미한 대화가 오가고 있더라도 회의의 본 목적인 주제에 대한 논의가 아니라면 "언제 시작하지?"와 같은 시간을 허비하고 있다고 생각하게 된다.

4. 회의의 평소 분위기를 감안하여 너무 파격적이지 않게 운영한다. 참석자들의 연령, 지위, 분위기, 특성과 어울리도록 준비한다. 침착하고 정적인 참가자들에게 동적인 활동을 시킨다든지, 최근 유행하는 내용이라며 참가자들이 모르는 내용으로 섣불리 도전(?)했다가 참가자들이 오히려 아이스(얼음)가 될 수도 있음을 기억해야 한다.

◑ 어젠다(Agenda) ◐

어젠다는 '회의에서 나누어야 하는 의제를 논리적 순서에 맞게 배열한 시간과 방법을 적은 계획'이다. 오프닝 단계에서 퍼실리테이터는 어젠다를 회의 참가자들과 공유하고 합의하는 절차를 거치는 것이 좋다. 짧게는 1분 안에도 마무리할 수 있고, 그날에 긴급하게 논의해야 하는 새로운 안건이 생긴다면 어젠다를 합의하는 과정에서 추가하거나 논의를 위한 시간을 더 할애할 수도 있다. 하지만 어젠다를 합의하는 과정에서 기억해야 할 점은 어젠다를 수정하는 데 자칫 많은 시간을 할애하지 않도록 해야 한다는 것이다. 회의의 주된 목적은 어젠다의 내용을 바탕으로 실제로 회의를 진행하는 데 있기 때문이다.

◑ 그라운드 룰(Ground Rule) ◐

오프닝 단계의 마지막이자 I AGREE의 세 번째 글자인 G는 회의나 분임토의, 프로젝트팀 미팅, 각종 위원회, 간담회 등의 진행에서 모든 참가자가 반드시 지켜야 할 기본 규칙을 말한다.[41] 어렸을 때 술래잡기 놀이할 때를 생각해보자. 먼저 가위바위보를 해서 진 사람이 술래를 할지 이긴 사람이 할지를 정했을 것이다. 그리고 술래잡기를 하다가 가장 많은 민원이 발생하는(!) 몇 가지 포인트에 대해 어떻게 게임을 진행할 것인지 운영 규칙을 만들었을 것이다. 가끔 먼 동네에 사는 친척이 와서 함께 놀다 보면 지역마다 규칙이 달라서 새로운 규칙에 합의하는 과정을 거쳤을 것이다. 규칙을 정했어도 놀이를 하다 보면 미처 생각하지 못한 일들이 생긴다. 그러면 다시 모여 지금 이 상황은 어떻게 해야 하는지 논의해서 규칙을 재정비했을 것이다.

아이들은 왜 이렇게 열심히 규칙을 만드는 걸까? 정해진 시간 안에 친구들과 싸우지 않고 재미있게 놀고 싶은 마음이 있었던 것은 아닐까? 서로 기준이 달라서 논쟁하다 보면 싸우게 되고 누군가 마음이 상해 "나 안 해!" 하고 집으로 가 버리면 그날 놀이는 못 하게 되어버리니까 말이다. 같이 놀던 친구가 가고 나면 놀이도 멈추기 때문에 그 경험들이 쌓여 열심히 규칙을 만들게 되었을 것이다. 결국 놀이에서 기본 규칙은 각자 다른 생각으로 인해 생길 수 있는 갈등을 예방하기 위한 것이다.

다시 회의로 돌아오면, 여러 사람이 논의하는 상황에서 효율적으로 회의를 운영하려면 공통으로 지켜야 할 규칙을 정하는 것이 중요하다. 회의를 망치는 여러 행동 중 다음의 사례를 보고 공감되는 것들을 체크해보기를 바란다.

- 습관적으로 휴대폰을 들여다보는 경우
- 몇 분에서 몇십 분씩 늦게 도착하는 경우
- 발제가 이루어진 의견에 비판부터 하는 경우
- 한마디도 하지 않고 듣기만 하는 경우
- 몇 사람이 발언 시간을 독점해서 회의 시간이 지연되는 경우
- 말하는 사람을 쳐다보지 않고 다른 곳을 응시하는 경우
- 이미 논의를 마친 후에도 앞에서 나온 이야기를 반복하는 경우
- 회의 자료를 미리 준비해오지 않는 경우
- 회의 중 전화벨 소리가 나는 경우
- 전화가 올 때마다 밖에서 통화하는 경우
  ...

이런 일로 인해 회의 운영에 방해가 되거나 참가자들의 불만이 쌓이는 경우 어떻게 하는가? '굳이 이런 것 이야기해서 뭐가 달라지나? 나만 예민하고 나쁜 사람 되고 분위기 흐려질 수도 있고, 일일이 따져봐야 회의 시간만 길어지고 서로 얼굴 붉히는 일이 생기는 거 아니야?' 하는 생각에 불편하지만 방관하고 넘어가고 있지는 않은가?

아이들은 규칙을 정해야 원하는 것(집에 돌아가기 전까지 신나게 노는 것)을 얻을 수 있다는 것을 몸으로 깨닫고 그 경험을 매번 놀이할 때마다 적용한다. 규칙을 정하지 않았거나 명확하지 않을 때는 "이럴 땐 어떻게 할까?" 하고 스스럼없이 묻고 함께 결정한다. 그리고 규칙을 어겼을 때는 그 누구도 주저하지 않고 규칙 위반에 대해 공유한다. 규칙이 이해되지 않은 상태에서 위반한 경우에는 선심 쓰면서 한 번씩 봐주긴 하지만, 모든 규칙은 함께 놀이하는 친구들과 재미나게 놀 수 있다는 공동의 목표를 이루기 위한 것이므로 참가자 모두가 철저하게 지켜야 하는 것이다. 어린 시절 몸으로 터득한 공통된 규칙의 중요성이 성인이 되어서는 '각자 알아서 해야 하는' 눈치 게임이 되어버렸다. 소위 매너 또는 통상적인 예의라고 생각하는 각자만의 행동 범주가 생긴 것이다. 그러나 이러한 각자의 기준은 몇몇 사람이 모이면서 똑같지 않다는 것을 깨닫게 된다. 조금씩 다르고 엇나가 불편해지는데 대개는 '나만 견디면 된다'라고 생각하고 있는 듯하다. 퍼실리테이터는 이러한 부분을 공론화시키고 모두가 함께 지킬 수 있는 규칙을 만들도록 촉진해야 한다.

◑ 그라운드 룰을 만들고 활용할 때 유의할 점 ◑
첫째, 규칙은 참가자 모두가 규칙의 준수 여부에 대해 서로 오해 없이 명확하게 확인할 수 있는 말로 표현되어야 한다. 예를 들어 '경청을 잘하자'라는 말에 담긴 행동 기준은 각자 다르다. 어떤 사람은 귀로만 잘 듣고 있으면 잘 듣는 것이고, 어떤 사람은 아이 콘택트가 되어야 바른 경청이라고 생각할 수 있다. 이처럼 서로 다른 기준이 생기지 않도록 참가자 모두가 알게끔 구체적인 행동으로 정해야 한다.

둘째, 정해진 규칙은 실제 지켜지는 규칙이 되도록 해야 한다. 간혹 워크숍 초반에 팀의 규칙을 정하고 이를 벽에 게시해놓지만 시간이 갈수록 워크숍의 장식물로 전락해버리는 경우가 있다. 실제 논의하는 과정에서 지켜질 수 있도록 퍼실리테이터가 지속해서 확인해줄 필요가 있다. 팀 참가자 중에 기본 규칙의 준수 여부에 대해서 좀 더 관심을 갖고 관찰하며 규칙의 준수 여부를 공식적으로 말할 수 있는 역할을 주는 것도 기본 규칙을 더 잘 활용하도록 돕는 방법이다.

바람직한 기본 규칙 vs 바람직하지 않은 기본 규칙 예시

바람직한 기본 규칙	바람직하지 않은 기본 규칙
- 회의 시작 5분 전 착석하기 - 상대방의 의견을 끝까지 들어주기 - 회의 중 휴대폰 무음으로 변경하고 만지지 않기(통화 및 메시지 확인은 쉬는 시간에만) - 한 가지 이상 의견 제시하기	- 회의 시간 잘 지키기 - 경청 잘하기 - 휴대폰 매너 지키기 - 적극적으로 참여하기

◖ 성찰(Reflection) ◗

I AGREE의 네 번째, 다섯 번째 글자인 RE는 Reflection, 즉 성찰이다. 퍼실리테이터 양성 교육이나 퍼실리테이션 현장에서 만나는 분들에게 "성찰

이 무엇인가요?"라고 질문하면 바로 답변하지 못하고 고개를 갸우뚱한다. 한 번 더 어떤 뜻일 것 같은지를 질문하면 그제야 '반성'하는 것, '뒤돌아보는 것'이라는 답이 나온다. 자신을 돌아본다는 의미에서 성찰과 반성은 유사하지만, 돌아보는 초점으로 본다면 성찰과 반성은 매우 다르다.

반성의 사전적 정의는 "자신의 언행에 대하여 잘못이나 부족함이 없는지 돌이켜 봄"이다. 반성문은 처음부터 끝까지 무엇을 잘못했는지를 적는 것이다. 그러다 보니 잘못한 것을 많이, 정확하게 쓸수록 좋은 반성문이 된다. 마지막에는 "잘못했습니다. 다시는 이런 일이 일어나지 않도록 하겠습니다."라는 결심으로 마무리를 짓는다. 그래서 반성문을 쓰다 보면 점점 자신의 부정적인 모습이 부각된다. 반면 성찰은 어떤가? 국어, 한자, 영어의 사전적 의미를 살펴보면 아래와 같다.

> 省察 : 살필 성(省), 살필 찰(察). '자기를 살피고 살핀다.'
>
> 성찰 : '자기의 마음을 반성하고 살핌' 또는 '지나갔던 일들을 되돌아보거나 살피는 것'
>
> Reflection : (거울 등에 비친) 상(모습), (상태·속성 등의) 반영, 심사숙고

◑ 성찰은 왜 필요한가? ◐

바둑에는 '복기'라는 것이 있다. 대국(바둑 대결)이 끝난 후 승자와 패자가 머리를 맞대고 오늘의 승부에 대해 진중한 토의를 하는 것인데, 본인이 둔 수를 거꾸로 되짚어가면서 다음 대국을 위해 '나머지 공부'를 함께하는 것이다. 놓친 것, 실수한 것, 몰랐던 것들을 다시 공부하면서 다음 대국에서 이를 적용하기 위한 것이다.

성찰은 이 복기의 과정과 유사하다. 함께한 참가자들과 회의의 전반적인 부분(내용과 진행 등)을 살피다 보면 회의 진행 시에는 보지 못하고 놓쳤던 부분을 일깨우는 새로운 배움이 일어난다. 회의 과정에서 좋았던 점, 아쉬운 점을 나누고 논의하면서 다음 회의에서 개선하거나 적용할 점을 찾는다. 결국 더 나은 회의를 만들기 위한 나머지 공부가 되는 셈이다. 여러분이 진행했던 회의에서 끝나기 10분 전의 모습을 떠올려보자. 종료 시각에 맞추기 급급해서 서둘러 결론을 내리거나 회의가 마무리되지 않아 회의 시간을 연장하지는 않았는가? 간단히 인사만 하고 빠르게 일어나 회의장을 떠나지는 않았는가? 단 10분이라도 성찰로 회의를 마무리해보자. 복기의 과정을 통해서 다음에는 조금 더 나은 회의를 만날 수 있을 것이다.

◑ 성찰 진행 방법 ◑

성찰 시간을 충분히 준비하라 회의에서 진행된 내용을 돌아보고 이를 나누기 위해서는 시간이 필요하다. 시간은 회의 참가자 수와 진행 방법에 따라 달라지겠지만 적어도 회의 시간의 10% 정도의 시간을 확보한다.

질문하라 질문은 생각을 촉진한다. "오늘 회의에 대해 성찰해봅시다."라고 하는 것보다 "오늘 회의에서 가장 의미 있던 부분은 무엇이었나요?"라는 질문이 참가자들의 생각을 촉진한다. 다음은 다양한 관점에서 돌아볼 수 있는 구체적인 질문의 예시이다.

- 오늘 회의에서 새롭게 알게 된 것은 무엇인가요?
- 회의 중 느낀 점은 무엇인가요?

- 현장(현업)에 돌아가서 실천할 사항은 무엇인가요?
- 오늘 회의에서 잘된 점은 무엇인가요?
- 다음 회의 시 개선할 점은 무엇인가요?
- 이 과제에 당신은 어떻게 기여했나요?
- 어떤 성과를 얻었다고 생각하나요?

명목집단법을 활용하라 앞에서 배운 명목집단법을 기억하는가? 위에서 제시한 성찰 질문에 참가자가 혼자서 생각할 수 있는 시간을 제공한다. 기록할 수 있는 메모지나 포스트잇이 있다면 더욱 좋다. 퍼실리테이터는 이 시간에 침묵하며 오롯이 참가자 개인이 생각할 수 있는 시간을 보장한다.

전원의 참여를 유도하라 앞에서 각자 정리한 성찰 내용을 참가자들 간에 공유한다. 성찰 내용이 다양할수록 참가자들이 갖는 통찰력은 다양해진다. 참가 인원이 많은 워크숍이나 원탁 토의 같은 경우에는 소그룹 안에서 나눈다. 정말로 시간이 없다면 참여자 중 대표자 몇 명의 성찰 내용을 공유한다.

지금까지 효율적인 회의를 준비하기 위해 고려해야 할 핵심 요소로 I AGREE 모델의 내용 중 네 가지를 살펴보았다. 그런데 뭔가 빠진 것 같지 않은가? 마지막 E가 남았다. 마지막 E는 무엇일까? 바로 END다. 우스갯소리 같지만 성찰까지 진행해야 회의가 진짜로 끝난다는 것이다. 우리가 많은 시간 할애하고 있는 회의도 성장하기 위해서는 성찰을 통해 나누는 다양한 이야기들과 시도가 그 출발선이 되어준다.

개학을 앞두고 방학 숙제를 끝낸 기분이다. 최선을 다하긴 했지만 아쉬움이 많이 남는, 그리고 이제야 간신히 첫발을 내디딘 어린아이 같은 느낌이 들기도 한다.

십수 년을 퍼실리테이터라는 이름을 걸고 전국 방방곡곡 현장을 누비며 갖가지 문제들과 씨름했지만 책을 쓰는 것은 이와는 또 다른 치열함이 있다. 이 책을 탈고하며 느끼는 마지막 감흥은 우리나라의 수많은 선배 퍼실리테이터들께, 그리고 우리가 본문에서 인용한 여러 해외 전문가들께 이제야 후배로서 해야 할 도리를 조금은 실천했다는 안도감이다.

우리나라 선배 퍼실리테이터들은 그야말로 척박한 현실에서 때로는 경험을 바탕으로 때로는 동물적 감각으로 퍼실리테이션이라는 전문 영역을 개척했다. 이 책이 그분들의 노력과 정성에 보답하는 작은 선물이 되길 기대한다.

우리는 이 책을 쓰는 긴 기간(아마도 2년은 족히 걸린 것 같다) 동안 시종여일 세 가지 모습의 세상을 꿈꾸었다.

첫째, 모두의 의견이 존중받는 세상

소수의 엘리트나 리더의 의견만이 아니라 보통 사람들이 의견이 존중받는 세상이다.

둘째, 집단 지성이 존중받는 세상

흑백을 가려 내 편과 네 편으로 나누는 것이 아니라 각자가 보고 있는 관점을 통합해서 더 완전한 이해에 이르려고 노력하는 세상이다.

셋째, 실행력이 존중받는 세상

화려한 기획 보고서가 아니라 실행의 결과를 담은 소박한 한두 장의 사진에 더 열광하는 세상이다.

이 책이 여러 현장에서 그런 세상을 만들어갈 수 있는 구체적인 방법과 지침이 담겼기를 갈망한다. 물론 우리는 이 책이 그 머나먼 길을 가기 위한 첫 번째 작은 발자국이라고 생각하고 있다. 그래서 우리의 직업 수명이 다하는 날까지 다음의 세 가지 작업을 계속할 것이다.

첫째, 퍼실리테이션이 다양한 현장에서 이루어진다는 사실을 망각하지 않고 그 다양함에 걸맞은 퍼실리테이션 스킬을 커스터마이즈 customize 하는 노력할 것이다. 업무 특성과 조직문화 등 조직의 특성(영리 추구 기업, 행정기관, 사회운동단체, 학교, 병원…), 참가자의 특성(성별, 연령, 성격…), 목적의 특성(정보 공유, 아이디어 도출, 문제해결), 문제의 특성

(품질 불량의 원인 파악, 품질 개선, 신제품 개발, 신기술 개발, 신시장 개척, 미래 예측, 전략 수립…), 그리고 대면과 비대면으로 대별할 수 있는 회의 장면의 특성에 이르기까지 퍼실리테이터가 하나의 회의나 워크숍을 준비하고 운영하려면 그야말로 다양한 특성 요인들에 적합한 맞춤형 해결책customized solution을 찾아가는 노력을 절실히 해야만 하기 때문이다.

둘째, 이 모든 특성에도 불구하고 퍼실리테이터가 일관되게 견지해야 하는 철학과 가치에 대한 보다 철저하고 과학적인 연구를 병행할 것이다. 그러기 위해 현장에서의 실천과 이를 기반으로 하는 연구 작업을 꼭 병행해나갈 것이다.

셋째, 이러한 실천과 연구의 여정을 우리 네 사람뿐만 아니라 이 책을 읽고 실천하게 될 수많은 독자 제현과 함께할 것이다. 이를 위해 현재 활용 가능한 각종 SNS와 다른 커뮤니케이션 수단뿐만 아니라 앞으로 나올 수많은 기술이 제공할 수단을 효과적이고 효율적으로 활용하며 독자들과의 대화에 최선을 다할 것이다.

위의 세 가지 약속을 충실히 이행하여 이 책의 개정판으로 독자들 앞에 다시 선보일 것을 약속하며 졸고를 출판사에 넘긴다.

2022년 7월 저자 일동